L'EXTRÊME DROITE
AUJOURD'HUI

JEAN-YVES CAMUS

LES ESSENTIELS MILAN

Sommaire

Les mots suivis d'un astérisque (*) sont expliqués dans le glossaire.

L'extrême droite aujourd'hui

En France, le Front national obtient 15 % des voix aux élections présidentielles de 1995. En Italie, les néofascistes ont participé au gouvernement en 1994. En Autriche, un nostalgique du nazisme, Jörg Haider, s'en rapproche. De jeunes néonazis mettent le feu aux foyers d'immigrants en Allemagne.

Partout en Europe, jusque dans les nouvelles démocraties de l'Est, l'extrême droite progresse sur fond de récession économique et de chômage. Alors que se construit l'Europe, la montée de l'intolérance et du racisme traduit un questionnement sur l'identité nationale, une crainte devant la mondialisation. L'extrême droite attise et exploite les peurs. Elle les détourne sur des boucs émissaires : l'Autre, l'Étranger, le Juif.

Pour la combattre, il faut la comprendre et avant tout la décrire. Il existe en France plusieurs centaines de groupuscules et journaux extrémistes : cette étude n'est donc pas exhaustive mais dépeint les principales tendances idéologiques de la droite extrême, qui toutes refusent la démocratie et les valeurs républicaines.

Question de définition

Un concept complexe

Le terme d'extrême droite est imprécis. C'est une simplification de langage, car il évoque une continuité avec les idées de droite, alors que la droite conservatrice ou libérale reconnaît les mêmes valeurs fondamentales que la gauche. On préfère donc le terme «droites radicales», que nous avons utilisé avec René Monzat dans le livre paru en 1992, *Les Droites nationales et radicales en France*.

Radicales, car leur vision du monde rompt avec celle des droites démocrates. Au pluriel, parce qu'il n'existe pas une, mais des traditions différentes dans cette famille de pensée. Dans cet ouvrage, «extrême droite» ne sera donc employé que par commodité.

Essai de définition

L'extrême droite s'oppose à la démocratie représentative et, en France, aux institutions républicaines.

Elle souhaite un régime autoritaire mais pas forcément dictatorial et une organisation sociale fondée sur l'inégalité naturelle des individus.

Elle détourne le patriotisme, sentiment en lui-même honorable, pour le transformer en un nationalisme intolérant qui limite les droits des étrangers et substitue le droit du sang au droit du sol (*voir* encadré).

Pour elle, la plupart des étrangers d'origine non européenne sont suspectés de ne pouvoir devenir réellement français et il existerait une hiérarchie naturelle entre les groupes ethniques, la «race blanche» étant évidemment supérieure par essence.

À l'égard des fascismes, elle porte un jugement généralement positif. Ses modèles sont plus le rexisme* belge de Léon Degrelle, le fascisme de Mussolini, les régimes

« *Le Front national, par son histoire et l'origine de nombre de ses dirigeants, fait partie de l'univers de la droite subversive.* »
René Monzat, Enquêtes sur la droite extrême, 1992.

nationaux-catholiques de Franco en Espagne et de Salazar au Portugal, ou encore le fascisme mystique de la Garde de Fer roumaine (*voir* pp. 44-45) que le national-socialisme hitlérien.

L'antisémitisme* est une composante constante de son idéologie, tout comme la remise en question de l'histoire avérée de la Seconde Guerre mondiale, avec pour objectif de minorer les crimes des nazis et de leurs alliés.

Un terme disqualifiant ?

Le Front national* s'intitule «droite nationale, sociale et populaire» et récuse l'appellation d'extrême droite, car il prétend que ce terme l'assimile abusivement au nazisme et au négationnisme*.

De fait, toutes les familles de l'extrême droite ne partagent pas la même idéologie. Le FN n'est pas nazi et le journal *Présent* (*voir* pp. 34-35) n'est pas négationniste.

Mais toutes les composantes des droites radicales se retrouvent pour lutter contre leur ennemi commun.

Avant la chute du communisme en Europe de l'Est en 1989, cet ennemi était prioritairement le marxisme.

Depuis, c'est en premier lieu le matérialisme capitaliste symbolisé par les États-Unis.

Droit du sol et droit du sang

– Droit du sol : acquisition de la nationalité par la naissance sur le territoire français.

– Droit du sang : transmission de la nationalité réduite aux enfants nés de parents français.

Une droite nouvelle

L'extrême droite se manifeste actuellement par ce que le philosophe Pierre-André Taguieff appelle le national-populisme.

C'est une nouvelle forme de droite, étrangère à la classification traditionnelle entre droite plébiscitaire*, droite libérale et droite contre-révolutionnaire.

Dans plusieurs pays dont la France, elle prend l'allure d'un préfascisme, mais son évolution n'est pas encore achevée.

L'extrême droite professe une idéologie antidémocratique et antiégalitaire contraire au consensus qui fonde, au-delà des clivages politiques, les démocraties parlementaires.

De la Révolution à l'affaire Dreyfus

La Révolution française instaure la démocratie dans l'Hexagone. En réaction et tout au long du XIXᵉ siècle, se développe une droite absolutiste, antirépublicaine et hostile à la laïcité.

La Révolution contre Dieu et le roi

En 1789, la Révolution française abolit la monarchie et nombre de royalistes partent en exil. Ces émigrés (Louis de Bonald, Joseph de Maistre, Antoine de Rivarol) élaborent les théories contre-révolutionnaires.

Pour eux, le roi est de droit divin depuis le baptême de Clovis en 496 : rompre l'alliance avec l'Église, c'est aller contre la volonté de Dieu et causer la ruine de la France. Les ultras veulent le retour à l'Ancien régime. Lorsque Louis XVIII devient roi en 1814, ils forment la Chambre introuvable et hésitent à voter cette forme de Constitution que l'on appelle la Charte. Ils soutiennent Charles X qui renoue avec la Tradition en se faisant sacrer à Reims en 1825. Absolutistes, souvent théocrates*, les ultras sont des romantiques de la politique. Par fidélité, ils refusent en 1830 de reconnaître Louis-Philippe, dont le père, Philippe-Égalité, vote la mort de Louis XVI en 1793.

Les légitimistes

Commence alors la querelle entre les libéraux orléanistes, soutenus par la bourgeoisie, la finance et l'industrie, et les légitimistes appuyés par la noblesse de province (dans l'Ouest et le Midi blanc par exemple), ainsi que par une partie de l'armée et du clergé. Certains choisissent l'insurrection : c'est en 1832 le soulèvement manqué mené par la duchesse de Berry (1798-1870). D'autres optent pour l'opposition parlementaire. Le légitimisme est aussi influent en littérature chez Chateaubriand (1768-1848), Barbey d'Aurevilly (1808-1889), Alfred de Vigny (1797-1863) et Villiers de l'Isle-Adam (1838-1889).

Après la guerre de 1870, les députés sont en majorité royalistes. Les légitimistes tentent de faire monter sur le trône le comte de Chambord mais leur projet, torpillé par les orléanistes, échoue en 1873. Après la mort de Chambord, le prétendant, en 1883, le légitimisme s'éteint.

Naissance du nationalisme

Battue par la Prusse en 1870, la France aspire à la revanche. Le patriotisme se développe. Dans les années 1880, une crise économique touche les classes populaires, et le rejet d'une classe politique usée et corrompue s'accélère : le général Boulanger (1837-1891)*, dont Maurice Barrès (1862-1923) est le disciple, cristallise ce mécontentement mais refuse de prendre le pouvoir par la force en 1889. L'antiparlementarisme est ensuite porté par les ligues, première forme de parti de masse : Paul Déroulède (1846-1914), écrivain et homme politique, crée la Ligue des patriotes en 1882, la Ligue de la patrie française est fondée en 1898. En même temps, l'antisémitisme* se développe avec l'affaire Dreyfus* qui divise la France en deux. La Ligue antisémite de Jules Guérin, le journal d'Édouard Drumont (1844-1917) *La Libre Parole*, attisent la haine envers les Juifs. C'est dans ce contexte qu'est créée en 1899 la Ligue d'action française.

Naissance d'un fascisme français

Comme l'a montré l'historien contemporain Zeev Sternhell, la fin du XIXᵉ siècle voit naître autour du socialiste Georges Sorel (1847-1922) et d'Hubert Lagardelle, futur ministre du Travail de Vichy (*voir* pp. 10-11), une gauche socialiste antidémocrate, antibourgeoise, patriote et antisémite qui se rapproche de maurrassiens (*voir* pp. 8-9) comme Georges Valois (1878-1945). De cette convergence émergent, au début du XXᵉ siècle, les premiers mouvements préfascistes comme le Faisceau, alors qu'en Italie, la même dérive amène Mussolini du socialisme au fascisme.

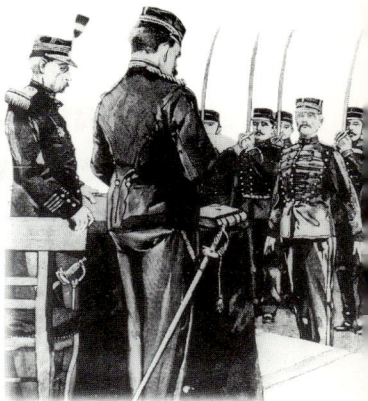

Dessin représentant la lecture du jugement faite au capitaine Dreyfus : il est accusé d'espionnage pour le compte de l'Allemagne puis condamné en 1894.

Du refus de la Révolution au début du fascisme, le même rejet de la démocratie et du libéralisme anime la droite extrême. L'antisémitisme, largement partagé par la gauche ouvriériste, culmine avec l'affaire Dreyfus.

De l'Action française à Vichy : la tentation autoritaire

Du début du siècle à 1939, l'extrême droite est une force importante en France. L'Action française est avec le marxisme la seule école de pensée solide. Après la guerre de 1914-1918, l'instabilité politique chronique et la corruption généralisée, la crainte du communisme puis la crise économique favorisent l'émergence des partis autoritaires.

L'Action française

Né de l'affaire Dreyfus*, ce mouvement royaliste, antisémite* et nationaliste dispose d'une doctrine systématique élaborée par Charles Maurras (1868-1952) qui veut, comme Ernest Renan (1823-1892), une «*réforme intellectuelle et morale de la France*». Son audience est énorme dans l'Université, à l'Académie française, dans l'armée et le clergé. À son apogée, son journal quotidien, *L'Action française*, compte 65 000 abonnés. Lorsque le Vatican condamne le mouvement en 1926 (condamnation levée en 1939), nombre de militants le quittent. Maurras applaudit l'arrivée au pouvoir du fascisme italien mais refuse de renverser la République française en février 1934. Il est violemment antiallemand donc antinazi, mais soutiendra le régime de Vichy (*voir* pp. 10-11), malgré la participation de nombreux militants à la Résistance (tels que le colonel Rémy ou encore d'Estienne d'Orves).

« *La culpabilité de Dreyfus, je la tire de sa race.* »
Charles Maurras (*ci-dessous* à l'Académie française).

La droite nationale

À la Chambre «bleu horizon» de 1919 siègent Maurice Barrès (1862-1923) et le royaliste Léon Daudet (1867-1942). En 1924, après la victoire du cartel des gauches, la droite catholique se structure dans la Fédération nationale catholique où militent plusieurs futurs

dirigeants de Vichy dont l'antisémite Xavier Vallat et le dirigeant de la Milice, Philippe Henriot (1889-1944).

L'antiparlementarisme, renforcé par l'esprit «ancien
combattant», se manifeste par la création, en 1924,
des Jeunesses patriotes, autoritaires mais non fascistes,
comme les Croix-de-Feu du colonel de La Rocque (1885-
1946). Les scandales, dont l'affaire Stavisky*, poussent
l'extrême droite à marcher sur le palais Bourbon, siège
de l'Assemblée nationale, le 6 février 1934. Mal coordonné,
le coup de force échoue.

Les ligues

La victoire du Front populaire en 1936 et l'influence
du fascisme italien ou du nazisme allemand entraînent
le développement des fascismes français. Le francisme,
fondé en 1933 par Marcel Bucard, est une caricature
du fascisme mussolinien, comme la Solidarité française
de François Coty. Le Parti populaire français, fondé
en 1936 par l'ancien communiste Jacques Doriot, est plus
structuré. Mouvement populaire, il bénéficie de l'appui
d'intellectuels comme Bertrand de Jouvenel, Alfred Fabre-
Luce et Pierre Drieu La Rochelle.

En même temps, Marcel Déat élabore un socialisme
autoritaire et planificateur qui le mènera à la collaboration
(*voir* pp. 10-11). Malgré les actes terroristes de la Cagoule,
surnom du Comité secret d'action révolutionnaire fondé
en 1936 par Eugène Deloncle (1890-1944), la République
n'est pas sérieusement menacée par ces ligues.

La violence de la presse

Avant la loi Marchandeau de 1939 contre le racisme,
la violence de la presse d'extrême droite contre la gauche
et les Juifs est inouïe. Maurras est emprisonné à plusieurs
reprises pour ses insultes contre Léon Blum (1872-1950).
Le ministre de l'Intérieur, Roger Salengro (1890-1936),
se suicide après une campagne de presse diffamatoire.
Les journaux d'extrême droite *Gringoire* et *Je suis partout*,
les polémistes comme Henri Béraud ou Lucien Rebatet,
désignent déjà les boucs émissaires que pourchassera Vichy.

L'avant-guerre
voit
l'affaiblissement
progressif
d'une démocratie
peu lucide
sur la montée
des périls fasciste
et nazi. Après
l'effondrement
de 1940,
beaucoup sont
prêts à accueillir
un régime
autoritaire.

La collaboration

L'extrême droite qui collabore avec les nazis le fait par choix idéologique. Elle règle ses comptes avec la France des Lumières* et des Droits de l'homme. Elle est complice et actrice du génocide des Juifs, des déportations, des assassinats de résistants. Cette dérive retirera pour longtemps toute légitimité à ses idées après 1945.

La Révolution nationale

«Révolution nationale», tel est le terme par lequel s'auto-désigne le régime de Vichy. Le 10 juillet 1940, le maréchal Pétain (1856-1951) obtient les pleins pouvoirs. Après l'entrevue de Montoire avec Hitler, il choisit la collaboration. Le gouvernement de Pierre Laval (1883-1945) édicte le 3 octobre 1940 un statut discriminatoire des Juifs qui va au-delà des exigences allemandes. Un Commissariat aux questions juives est créé en mars 1941, confié à Xavier Vallat (*voir* pp. 50-51) puis à Louis Darquier de Pellepoix, successeur de Vallat.

Jacques Doriot, chef du Parti populaire français (PPF), descendant les Champs-Élysées en août 1943.

Pourtant, il existe des divergences entre Vichy et les ultras. Pétain veut un régime autoritaire, corporatiste et agraire, attaché aux valeurs traditionnelles et influencé par le catholicisme. C'est surtout un réactionnaire.

Les partis collaborationnistes menés par Jacques Doriot (1898-1945) et Marcel Déat (1894-1955) veulent un alignement total sur le national-socialisme.

Les partis pronazis

Le Parti populaire français (PPF) de Doriot (*voir* pp. 8-9) est le principal parti pronazi. Après l'attaque allemande contre l'URSS en 1941, son chef s'engage dans la Waffen SS*.

Déat et son Rassemblement national populaire attirent une partie de la gauche. Les anciens cagoulards (*voir* pp. 8-9) adhèrent au Mouvement social révolutionnaire d'Eugène Deloncle (1890-1944). En 1942, l'influence des ultras s'étend: les déportations de Juifs commencent avec l'appui du chef de la police, René Bousquet, et d'une bonne partie de l'Administration.

Après le débarquement allié en Afrique du nord en 1942, la collaboration s'accélère; la zone libre est envahie, le service du travail obligatoire (STO) instauré.

La Milice

La répression est largement le fait de la Milice, mouvement armé de 20 000 hommes fondé en janvier 1943 par Joseph Darnand. La chasse aux communistes, aux résistants et aux Juifs est son domaine: elle assassine en 1944 l'ancien président de la Ligue des droits de l'homme, Victor Basch, l'ancien ministre de gauche Jean Zay, et celui de droite Georges Mandel, tous Juifs. Le meurtrier de Basch, Paul Touvier, responsable de la Milice à Lyon, ne sera condamné qu'en avril 1994. L'extrême droite prétendra alors qu'il est innocent. À la fin de la Seconde Guerre mondiale, nombre de miliciens se sont engagés comme leur chef dans la Waffen SS. Ils se retrouvent avec les derniers collaborateurs à Sigmaringen (Allemagne) jusqu'à la chute du Reich le 8 mai 1945.

L'épuration

Dès la Libération en 1945 s'ouvrent les procès des collaborateurs. Nombre d'entre eux seront emprisonnés puis, libérés, rejoindront l'extrême droite. En juillet 1953, une amnistie générale est prononcée. Le plus odieux des antisémites, Henry Coston, fonde en 1957 la revue *Lectures françaises* qui existe encore; Victor Barthélémy, ancien numéro deux du PPF et futur secrétaire général du FN*, redevient actif, comme Roland Gaucher et François Brigneau qui adhéreront aussi au FN. D'anciens Waffen SS français comme René Binet recréent des groupuscules néonazis.

« Il faut se séparer des juifs en bloc et ne pas garder de petits », **Robert Brasillach, extrait du journal** *Je suis partout.*

Il existe une continuité entre la collaboration et l'extrême droite française actuelle. Celle-ci continue de minimiser les crimes nazis et de considérer la Libération comme une imposture. Sa haine pour le gaullisme reste totale.

Depuis la Libération

Jusqu'en 1980, l'extrême droite joue un rôle insignifiant, excepté pendant la guerre d'Algérie. Marginalisée par la collaboration, elle doit renouveler ses cadres touchés par l'épuration. Dans un contexte de croissance économique, c'est la gauche qui mobilise la contestation sociale tandis que le gaullisme, en s'appropriant l'idée de Nation, rassemble une majorité de Français.

La sortie du purgatoire

L'extrême droite pétainiste réapparaît aux législatives de 1951 où le mouvement UNIR (Unité des indépendants républicains) obtient quatre députés. Plus sérieuse est la fondation en 1949 par Pierre Sidos du mouvement Jeune Nation, qui recrute parmi les anciens combattants d'Indochine pour lutter contre le «*bradage de l'empire colonial*» et le communisme.

La guerre froide radicalise la droite. L'instabilité gouvernementale donne naissance en 1953 à un mouvement populiste dirigé par un commerçant, Pierre Poujade: c'est le poujadisme*. Aux élections législatives de 1956, il recueille 12 % des voix et une cinquantaine d'élus. Puis la guerre d'Algérie (1954-1962) fait de l'extrême droite une force politique.

Affiche du Front national des combattants, parti fondé par Jean-Marie Le Pen en 1957, en pleine crise algérienne.

Pour l'Algérie française

En 1954, contre l'insurrection du Front de libération nationale (FLN), les ultras se mobilisent. Dans l'armée, les intégristes de la Cité catholique (*voir* pp. 28-29) et Georges Sauge, journaliste ayant ensuite évolué vers la gauche, influencent les officiers. Beaucoup de colons suivent le Gouvernement de salut public proclamé par le général Salan le 13 mai 1958, lequel est favorable au retour du général de Gaulle. Lorsque celui-ci choisit de rendre l'Algérie indépendante, les leaders pieds-noirs (tels que Lagaillarde, Ortiz, Susini) s'appuient sur l'extrême droite qui provoque le putsch militaire manqué d'avril 1961. Elle crée également l'Organisation armée secrète (OAS), groupe terroriste qui forme de futurs dirigeants du Front national* comme Pierre Sergent ou Roger Holeindre.

De l'Algérie à Mai 1968

Après la paix en Algérie en 1962, les militants rompent avec l'activisme. Ceux qui ont fondé la Fédération des étudiants nationalistes en 1960 se scindent en deux courants: Europe-Action (1963-1966), précurseur de la nouvelle droite, dirigé par Dominique Venner, et Occident (1964-1968), nationaliste et anticommuniste, auquel appartiennent les futurs ministres Alain Madelin et Gérard Longuet. Aux législatives de 1967, l'échec électoral du Mouvement nationaliste de progrès, issu d'Europe-Action, détermine la fondation du GRECE (*voir* pp. 20-21).

Occident s'oppose à la gauche, principalement sur la question de la guerre du Vietnam (1964-1973). En 1968, ses provocations entraînent sa dissolution. Ordre nouveau lui succède de 1969 à 1972. Aux élections municipales de 1971 à Paris, il récolte 2,6 % des voix. De cet échec naît le Front national.

La contestation religieuse

Dès avant le concile Vatican II (qui s'achève en 1965), l'Église catholique s'ouvre au monde. En réaction est fondée en 1946 la Cité catholique. Puis, en 1956, Jean Madiran lance *Itinéraires* qui, avec *La Pensée catholique* de l'abbé Luc Lefèvre, sont les principales revues traditionalistes. Celles-ci ont pour penseurs les philosophes Louis Jugnet, Gustave Thibon et Marcel Clément.

Pendant le concile, les traditionalistes s'organisent dans le Cœtus Internationalis Patrum autour de monseigneur Lefebvre, cette tendance interne contestant l'ouverture au monde de l'Église.

L'extrême droite française réapparaît pendant les guerres coloniales des années cinquante et soixante. L'échec de l'OAS la force à redéfinir son idéologie et son action. Malgré le succès éphémère du poujadisme, elle reste très minoritaire, mais elle a formé nombre de futurs dirigeants de la droite parlementaire actuelle.

Le Front national (1) : histoire et programme

Le FN est le seul parti d'extrême droite depuis 1945 à avoir une audience de masse. Il défend un nationalisme populiste et xénophobe* qui prétend régler les problèmes économiques et sociaux en renvoyant les étrangers.

Construction d'un parti

Le programme du Front national* en 1972 se veut «une troisième voie entre lutte des classes et monopoles», entre gaullisme et socialisme. C'est un texte populiste qui défend le petit commerce et la petite propriété, pour faire du parti «le réceptacle de tous les mécontentements». Déjà, il veut interdire l'immigration, formée selon lui de «*minorités sauvages*». En 1976, il s'oppose à la loi Veil autorisant l'avortement.

Jusqu'en 1978-1980, le parti admet des éléments néonazis: François Duprat, l'un des premiers négationnistes*, dirige la tendance nationaliste-révolutionnaire (*voir* pp. 22-23); d'anciens Waffen SS* français dirigent la tendance «Militant». En 1977-1978, les solidaristes* menés par Jean-Pierre Stirbois entrent au FN pour le moderniser.

Le national-populisme

Le FN adopte en 1978 un programme favorable à moins d'intervention de l'État, à la libre entreprise et à une

« Il faut remettre en cause les naturalisations accordées depuis 1974. » Programme du FN.

ETRE FRANÇAIS ÇA SE MÉRITE

Jean-Marie Le Pen

HISTOIRE · EN FRANCE AUJOURD'HUI · UNE CONTRE-CULTURE

protection sociale réduite pour les salariés. Il récupère, au début des années quatre-vingt, les idées de la nouvelle droite (*voir* pp. 20-21)*: inégalité naturelle des individus, supériorité culturelle de l'Occident, exercice d'une démocratie directe contre la «fausse élite» des technocrates. Après la victoire de la gauche en 1981, il attire les électeurs de droite qui trouvent l'opposition trop modérée et craignent l'évolution du pays vers le collectivisme.

Un programme dangereux pour la France

À partir de 1984-1986, le FN est largement relayé par les médias. Il envoie en 1986 à l'Assemblée nationale trente-cinq députés et s'affirme comme le seul recours possible contre la gauche et la droite. Il en appelle à une «*seconde révolution française*» qui rende le pouvoir au peuple et à une «VIᵉ République» de type autoritaire. Il formule l'idée de la préférence nationale selon laquelle l'emploi, le logement et les aides sociales doivent être réservés aux Français. Il impute la responsabilité de la délinquance et du chômage aux étrangers dont il réclame le renvoi forcé. Il est partisan du retour à la peine de mort.

Un programme d'exclusion

Depuis son programme de gouvernement de 1993, le FN cherche à attirer un électorat populaire. C'est pourquoi il propose une augmentation du Smic (salaire minimum interprofessionnel de croissance) et des bas salaires. Il organise des syndicats dans les entreprises et s'intéresse même aux exclus, créant à Paris une «soupe populaire» pour les sans domicile fixe (SDF).

Mais la «justice sociale» qu'il veut instaurer se fait au détriment des étrangers: le FN veut les licencier en priorité, créer pour eux des caisses de retraite et de sécurité sociale séparées.

Par ailleurs, en voulant supprimer l'impôt sur le revenu, il favorise les ménages les plus aisés. En voulant n'accorder la nationalité française qu'aux enfants de parents français qui ont «prouvé» leur assimilation, il interdit toute intégration.

> Le programme du FN offre des solutions irréalistes et dangereuses aux problèmes de la France, car il n'existe aucun lien de cause à effet entre immigration et crise économique. Sa conception de l'identité française rompt avec la tradition républicaine d'intégration.

Le Front national (2) : plusieurs tendances

Le Front national est un parti hétérogène qui comprend des courants antagonistes rassemblés autour de la personne de Jean-Marie Le Pen. Ils ont cependant en commun une volonté d'arriver au pouvoir et de travailler ensemble. C'est cette politique de « compromis nationaliste » qui fait l'efficacité du FN et son originalité à l'extrême droite.

Page de droite : Bernard Antony, leader de Chrétienté-Solidarité, l'un des plus importants courants parmi les catholiques traditionalistes.

« Les gouvernements successifs de droite comme de gauche sont coupables. Tous ont collaboré à la destruction de notre Nation et ont spolié le peuple français. » Samuel Maréchal, directeur du Front national de la jeunesse.

Les nationaux-conservateurs

Jusqu'à l'adoption, à l'automne 1995, du slogan « ni droite, ni gauche », le FN est dominé par un courant économiquement libéral, partisan d'un État réduit à ses pouvoirs essentiels et d'un régime présidentiel autoritaire. C'est au fond la philosophie de Le Pen lui-même comme des cadres du parti venus des mouvements de la droite parlementaire (RPR et UDF) ou du courant Algérie française (*voir* pp. 12-13). Ceux-ci souhaitent conclure une alliance électorale, puis un pacte de gouvernement avec la fraction la plus conservatrice de la droite. En politique étrangère, ils sont partisans d'une coopération étroite avec les États-Unis. Par ailleurs, plusieurs d'entre eux (tels Olivier d'Ormesson, Yann Piat) ont quitté le FN, choqués par les propos de son leader sur la Seconde Guerre mondiale.

Les héritiers de la nouvelle droite

Ils tiennent les rênes du parti et orientent sa réflexion. Venus du GRECE (*voir* pp. 20-21) ou du Club de l'Horloge comme Bruno Mégret, Yvan Blot et Jean-Yves Le Gallou, ils ont une vision raciale de l'identité nationale et défendent l'action de l'État dans l'économie. Leur ennemi principal, c'est les États-Unis, vecteur selon eux du matérialisme capitaliste. Leur Europe idéale est celle qui renouerait avec ses racines païennes, germaniques et nordiques. Ils considèrent le christianisme comme

un facteur d'affaiblissement des identités, créateur de la démocratie et de l'idée d'égalité. Tactiquement, ils acceptent l'idée d'une alliance avec une partie de la droite.

Les catholiques traditionalistes

70 % des catholiques pratiquants sont hostiles aux idées du FN. Si les fidèles de Mgr Lefebvre sont peu nombreux, Chrétienté-Solidarité, dirigé par Bernard Antony, est un courant important. Il contrôle le quotidien *Présent* et la formation des cadres à travers l'Institut de formation nationale. Le maire de Toulon, Jean-Marie Le Chevallier, en est proche. Pour ce courant qui a cherché en 1996 à récupérer l'année Clovis, identité française et catholicisme sont inséparables. La lutte contre la franc-maçonnerie, la technocratie européenne et l'influence qu'il juge excessive de la communauté juive sont ses idées principales.

Les nationalistes-révolutionnaires

Pour eux, la victoire du FN viendra d'un grand mouvement populaire, anticapitaliste, reprenant la contestation sociale. C'est l'idée de Pierre Vial et de son courant fondé en 1995, Terre et Peuple, ainsi que du Front national de la jeunesse (FNJ, *voir* pp. 54-55). Eux aussi sont attachés aux idées de la nouvelle droite sur l'Europe païenne. En politique étrangère, ils défendent une alliance avec les pays de l'Est et le monde arabe contre les États-Unis.

Parti idéologiquement éclaté, le FN se radicalise. Son électorat devient populaire, ce qui le force à adopter un langage anticapitaliste et à appeler à une révolution contre l'ordre républicain. Mais sa seule chance d'arriver au pouvoir demeure dans le fait de s'allier à une partie de la droite.

L'implantation sociale du Front national

Depuis les élections municipales de 1989, le FN étend et consolide son influence. Il fédère des forces protestataires et devient le premier parti chez les ouvriers. Il tente désormais de s'implanter dans les syndicats professionnels et les associations. Il se pose en recours du « peuple » contre les élites et la classe politique.

Des cadres âgés et conservateurs

Les dirigeants nationaux et locaux du FN sont en très grande majorité des hommes, et plus de la moitié des candidats aux législatives de 1993 avaient plus de 50 ans. Pour la plupart, ils viennent de l'extrême droite. Socialement, les candidats du FN sont très fréquemment des commerçants et artisans, des petits chefs d'entreprise ou exercent des professions libérales. Ils sont moins souvent de formation universitaire que les cadres de l'UDF ou du parti socialiste, mais un tiers d'entre eux gagnent plus de 20 000 francs par mois. Le parti n'est donc pas dirigé par les employés, les ouvriers et les chômeurs qu'il prétend défendre.

Dans les milieux bourgeois et traditionalistes, son influence est limitée par l'idéologie de Philippe de Villiers inspirée par les valeurs catholiques.

Une implantation nationale

Lors des élections régionales de mars 1992, le FN remporte deux cent trente-neuf sièges. Il est particulièrement fort en Île-de-France, en Alsace et Rhône-Alpes ainsi que sur le littoral méditerranéen, avec un record de 30 % à Perpignan.

Depuis, il a progressé notamment dans les zones où le parti socialiste a baissé après 1988 : aux présidentielles de 1995, le FN dépasse 18 % en Lorraine, dans le Nord, en Provence-Côte d'Azur, dans une partie de la Normandie et

« *Le Front national vit et prospère d'exploiter les hantises, les peurs et les ressentiments des Français.* » **Pierre-André Taguieff, philosophe.**

dans le Roussillon. Le vote FN est avant tout un vote urbain lié à la crise économique et au chômage. Il est motivé par le sentiment d'insécurité autant que par la peur des immigrés.

Les régions les moins réceptives à son discours sont la Bretagne, le Poitou-Charentes, le Limousin, le Massif central et le Sud-Ouest. Le vote FN est déterminé par des enjeux nationaux – sentiment du déclin de la France, refus de l'intégration européenne –, mais aussi par des enjeux locaux : en juin 1995, il gagne les mairies d'Orange, Marignane et Toulon en faisant campagne contre la corruption et l'usure des anciens élus.

Un électorat populaire

Aux présidentielles de 1995, 30 % des ouvriers, 25 % des chômeurs et 18 % des employés votent Le Pen.

C'est pour accroître son audience populaire que le FN adopte en 1995 le slogan «ni droite, ni gauche».

Mais ses électeurs viennent toujours très majoritairement de la droite ou des «sans opinion». Le programme du FN désigne des boucs émissaires tenus pour responsables de la crise. Ces idées simplistes font mouche : 28 % des Français se disent plutôt d'accord avec elles.

Le FN s'implante dans la police, les transports parisiens et chez les parents d'élèves. Il aide à la réinsertion de ses militants touchés par le chômage et la pauvreté. Cependant, il veut limiter les droits des syndicats et s'est mobilisé contre les grèves de décembre 1995.

Ci-dessous :
Le FN possède des élus au conseil d'administration d'offices HLM.

Le FN est un parti populaire qui propose des solutions simplistes pour sortir de la crise économique dont il rend les étrangers responsables de par leur présence en France. Il devrait encore améliorer son audience dans les années à venir.

La nouvelle droite

La nouvelle droite élabore à partir de 1967 une doctrine originale, antiégalitariste, antilibérale et paganiste largement inspirée de la révolution conservatrice allemande des années vingt et trente. Nombre de ses idées ont été détournées par le Front national, auquel son théoricien, Alain de Benoist, est désormais radicalement hostile.

Le GRECE

Le Groupement de recherches et d'études pour la civilisation européenne est créé en 1968 par des anciens d'Europe-Action (*voir* pp. 12-13) dont Alain de Benoist. Il édite depuis 1968 la revue *Nouvelle École*, et depuis 1970 *Éléments*. Son objectif était de diffuser, par l'action métapolitique (*voir* encadré), un antiégalitarisme fondé sur l'existence de différences héréditaires entre les individus, selon leur origine ethnique, quant à leurs aptitudes.

Le GRECE voulait revivifier les traditions païennes nordiques et germaniques des Indo-Européens qui, selon lui, sont les ancêtres directs des Européens actuels. Cela l'amène à rejeter tant le judaïsme que le christianisme. L'Europe selon la nouvelle droite serait un empire politique dépassant le cadre des nations.

Le GRECE est politiquement et économiquement antilibéral mais il influence une partie de la droite parlementaire au début des années quatre-vingt, lorsque ses animateurs écrivent dans le *Figaro Magazine*.

La transformation de la nouvelle droite

Le GRECE, qui a eu jusqu'à 4 000 membres, évolue après 1984-1985. Certains dirigeants (tels Pierre Vial,

---

Action métapolitique

Elle fait précéder, selon l'enseignement du philosophe italien Antonio Gramsci (1891-1937), la conquête du pouvoir politique par celle du pouvoir culturel.

Jean-Claude Bardet, Yvan Blot) quittent le terrain culturel pour militer au FN*.

Alain de Benoist et d'autres cadres peu marqués par l'extrême droite (Guillaume Faye, Charles Champetier) abandonnent le racisme* hiérarchisant (c'est-à-dire qui établit une hiérarchie structurée entre les races) et réfutent les thèses populistes du FN.

Principalement hostiles au matérialisme, au capitalisme et à la mondialisation, ils ont pour principaux ennemis la société de consommation et les États-Unis ; ils envisagent une alliance tactique avec les peuples du tiers-monde soucieux de garder leur identité culturelle.

Alain de Benoist trouve actuellement avec sa revue *Krisis* une convergence avec la «nouvelle gauche», défend l'écologie radicale et soutient le communautarisme contre le multiculturalisme.

Sur de telles bases, la nouvelle droite est déjà sortie de l'extrême droite.

Scissions de la nouvelle droite

Ce changement n'est pas unanimement accepté. Ainsi, le Belge Robert Steuckers, éditeur de la revue *Vouloir*, quitte le GRECE en 1993 pour créer Nouvelles Synergies européennes.

Partisan d'une Europe fédérale fondée sur les identités ethniques et le paganisme*, ce groupe est lié à la droite radicale puisque son chef a collaboré avec les nationalistes flamands du *Vlaams Blok* (*voir* pp. 40-41) et les nationaux-bolcheviques du Front européen de libération, avec qui il partage une fascination pour l'islam fondamentaliste.

Aujourd'hui, la nouvelle droite manque de cohérence. C'est une nébuleuse. Le GRECE et les jeunes de Europe-Jeunesse (mouvement de la jeunesse de la nouvelle droite) véhiculent un message plus politique que celui d'Alain de Benoist, du politologue italien Marco Tarchi ou de la revue allemande *Junge Freiheit*, qui ne sont plus assimilables à l'extrême droite et dont l'objectif est d'établir un nouvel espace de convergence entre adversaires de la «pensée unique».

« *Un peuple est un organisme vivant. Il peut mourir.* » Pierre Vial, ancien président du GRECE, actuel dirigeant du FN, fondateur en 1995 du mouvement Terre et Peuple (*voir* pp. 22-23).

La nouvelle droite est la tendance la plus novatrice de la droite radicale depuis la Libération en 1945. Son évolution la place désormais en dehors de l'extrême droite, même si elle partage avec elle une histoire commune.

Les nationalistes-révolutionnaires

Une partie de l'extrême droite refuse la démocratie parlementaire et s'oppose totalement au capitalisme. Insistant sur le rôle de la communauté de sang, les nationalistes-révolutionnaires croient en l'Europe des ethnies et non des Nations. Ils sont généralement païens. Ils tentent d'influer sur les idées du Front national.

L'idéologie du « sang et du sol »

> **Wandervogel**
> C'est un mouvement de jeunesse actif en Allemagne entre 1895 et 1933 et fondé sur le renouveau des traditions culturelles et nationales germaniques.

Terre et Peuple, fondé en 1995 par Pierre Vial (actuel dirigeant du FN* venu de la nouvelle droite, *voir* pp. 20-21), fonctionne comme une communauté et forme un mouvement de jeunesse héritier du *Wandervogel* allemand du début du siècle (*voir* encadré). Ce groupe veut démontrer que l'identité française est basée sur les traditions nordiques ou germaniques et non sur le christianisme. Il croit que le peuple français descend des mythiques Indo-Européens.

Contre l'Amérique et Israël

> **Julius Evola (1898-1974)**
> Philosophe italien, il est l'inspirateur des lois anti-sémites de 1938 et, après-guerre, du courant radical du Mouvement social italien (MSI). Il est lié au groupe nazi allemand *Ahnenherbe*.

Les nationalistes-révolutionnaires croient l'identité européenne menacée par le matérialisme libéral incarné par la civilisation américaine et par le judaïsme, symboles pour eux du capitalisme et origine de la religion chrétienne qu'ils rejettent. D'où leur hostilité envers les États-Unis et Israël. Cette vision du monde est diffusée chez les jeunes du FN par les revues *Réfléchir et Agir* et *Imperium*, qui s'inspirent aussi de la nouvelle droite. Cette mouvance se réfère souvent à l'écrivain allemand Ernst Jünger, au romancier et ancien nazi français Saint-Loup, à Julius Evola (*voir* ci-contre) et à René Guénon (1886-1951),

spécialiste français de l'ésotérisme*.
Les nationalistes-révolutionnaires
puisent dans l'ésotérisme leur
élitisme, leur culte de la guerre et
de la caste des guerriers.

Les jeunes et les étudiants

Les nationalistes-révolutionnaires
se sont longtemps exprimés à
l'université par la violence: fondé
en 1969, le Groupe union défense
(GUD) a affronté les étudiants de
gauche et les antiracistes. Nombre
de ses anciens membres font une
carrière politique dans les partis
de droite. Affaibli, le GUD demeure actif et
s'est rapproché du Front national de la jeunesse (FNJ,
voir pp. 54-55) ou du Renouveau étudiant.

L'Œuvre française, dirigée depuis 1968 par Pierre Sidos,
est structurée de manière quasi militaire. Antisémite
et nostalgique de Pétain, le groupe se différencie par son
opposition totale à toute forme d'Europe supranationale
et par son catholicisme. Il édite à Lyon le journal
Jeune Nation.

Un laboratoire d'idées

Peu nombreux, les nationalistes-révolutionnaires jouent
au sein du FN le rôle d'aiguillon idéologique. Ils ont poussé
ce parti à travailler les questions sociales et syndicales,
ils ont favorisé l'adoption du slogan «ni droite, ni gauche»
à l'automne 1995.
Comme la nouvelle droite, ils s'intéressent à l'écologie.
Ils souhaitent que chaque ethnie vive sur sa terre sans
se mélanger à d'autres, ce qui les amène à être favorables
aux nationalismes du tiers-monde et à l'islamisme*.
Enfin, ils accordent plus d'importance à la notion de
peuple européen, déterminée par l'appartenance à la race
blanche, qu'à celle de peuple français.

Un numéro, paru en 1996,
du journal nationaliste-
révolutionnaire néerlandais.

Le nationalisme-
révolutionnaire,
attaché à un État
centralisé qui
dirige l'économie,
partisan
d'une Nation
ethniquement
pure, est
la branche
de l'extrême droite
la plus proche
du fascisme.
Il est également
très influent
à l'étranger,
notamment dans
l'ex-Mouvement
social italien
(MSI).

Les nationaux-bolcheviques

Ultraminoritaire, le courant national-bolchevique recherche une synthèse entre le nationalisme et un système économique anticapitaliste. Antisioniste*, son allié principal est le monde arabe. Son ennemi essentiel : les États-Unis.

Une droite non conformiste

Le national-bolchevisme, apparu en France au début des années quatre-vingt-dix, est l'héritier idéologique de ce courant de la révolution conservatrice allemande qui, dans les années vingt et trente, a eu pour théoriciens Ernst Niekisch (1889-1967), Karl-Otto Paetel (1906-1975) et Otto Strasser (1897-1974). Non hostiles au nazisme au départ, tous ont été rapidement persécutés par Hitler. En 1962, le Belge Jean Thiriart (*voir* encadré) crée un mouvement, Jeune Europe, qui se réclame du national-bolchevisme. Disposant de sections dans plusieurs pays dont la France, il veut créer un État européen unifié et centralisé ainsi qu'un système social nommé «national-communautarisme». Très hostile aux États-Unis et à Israël, il est favorable à une alliance entre l'Europe et le monde arabe : aussi, en 1968, Thiriart prend-il des contacts avec l'Irak et les Palestiniens.

Lui dont Staline est l'homme politique préféré entretient également des contacts étroits avec la Roumanie de Ceaucescu et avec une fraction du pouvoir soviétique. Jeune Europe disparaît en 1969. Ce courant s'exprime

LUTTE DU PEUPLE
Bimestriel pour une Nouvelle Résistance
Février / Mars 1995 - n. 30 - 18 F

DIMINUTION DES SALAIRES

CONTRE LES EXPLOITEURS RESISTANCE POPULAIRE

Lutte du peuple, la revue nationale-bolchevique française, éditée par Nouvelle Résistance.

alors dans les groupes comme l'Organisation Lutte du Peuple ou le Centre de documentation politique et universitaire (CDPU) de Michel Schneider.

Nouvelle Résistance et le FEL

En 1991, des dissidents du mouvement solidariste* Troisième Voie, menés par Christian Bouchet, fondent en France Nouvelle Résistance (NR) et, au plan continental, le Front européen de libération (FEL).

Ce groupe de deux cents membres en France défend un socialisme inspiré par le publiciste Georges Sorel (1847-1922) et Auguste Blanqui (1805-1881), théoricien socialiste et révolutionnaire français ; il se réfère au communard patriote Louis Rossel (1844-1871), mais est aussi inspiré par les nationalistes élitistes allemands du *Wandervogel* (*voir* pp. 22-23). En même temps, il préconise l'union de tous les mouvements de libération du tiers-monde opposés aux États-Unis avec l'ultradroite. Pro-islamiste, il entretient des rapports avec le FIS (Front islamique du salut) algérien, la Libye et l'Iran et soutient le mouvement islamiste palestinien Hamas. Il est très actif dans les contacts avec l'opposition nationaliste et communiste radicale russe. Autre originalité, il s'intéresse de près à l'occultisme*.

À l'été 1996, NR et le FEL scissionnent, l'aile majoritaire dirigée par Bouchet se rapprochant du Front national*.

Les nationaux-communistes du PCN

L'aile minoritaire de NR rejoint en juillet 1996 le Parti communautaire national-européen, dirigé depuis 1984 par le Belge Luc Michel. Il détient en Belgique un siège au Parlement wallon et fait campagne pour briser le Front national belge. Le PCN et son journal *Nation-Europe* se réclament de Thiriart et veulent constituer un « front noir-rouge-vert » comprenant nationalistes, extrême gauche et écologistes. Son opposition à NR tient à son anti-islamisme et à son refus d'une alliance avec le FN français. Il se veut un parti très centralisé et hiérarchisé au niveau européen, une avant-garde de type léniniste, alors que NR est une communauté militante.

Jean Thiriart (1922-1992)
Ancien militant socialiste belge avant 1940, puis collaborateur des nazis pendant la Seconde Guerre mondiale, il fait campagne en 1960 contre l'indépendance du Congo belge et soutient l'OAS pendant la guerre d'Algérie. Il dirige le mouvement Jeune Europe jusqu'en 1992. Son slogan principal : « *L'Europe de Dublin à Vladivostok* ».

Le national-communisme est la tendance minoritaire de l'ultradroite qui cherche une synthèse entre un socialisme dégagé du marxisme, un nationalisme à l'échelle du continent européen et non de la Nation, un antimatérialisme qui emprunte à la nouvelle droite.

Skinheads et néonazis

Les héritiers idéologiques avoués du nazisme sont une minorité d'un millier de militants en France. Cependant, depuis dix ans se propage parmi les jeunes le mouvement skinhead, de plus en plus politisé et violent, organisé à l'échelle internationale. Il constitue un mode de vie et une contre-culture.

« Comme les SA, les skinheads sont buveurs, indisciplinés et souvent parfois à la dérive. Tout leur comportement et leur origine sociale les rapprochent des SA. Ils sont plus éloignés de l'ordre élitiste et presque mystique des SS. » Arrêt sur image, fanzine skin, 1994. Ci-dessous : rassemblement de skinheads en Angleterre dans les années quatre-vingt.

Les héritiers du IIIe Reich

Des groupuscules néonazis se sont reconstitués en France dès 1945 et une association des anciens combattants français de la Waffen SS* (*voir* pp. 10-11) n'a jamais cessé de fonctionner depuis.

Le seul mouvement important est, au début des années quatre-vingt, la Fédération d'action nationale et européenne (FANE), dirigée par Marc Fredriksen et dissoute après l'attentat de la rue Copernic en 1980.

Elle a rejoint en 1994 le Parti nationaliste français et européen (PNFE), créé en 1987 par Claude Cornilleau et qui a compté plus de cinq cents membres. Comme tous les groupuscules néonazis, le PNFE, qui recrute parmi les jeunes adultes et les adolescents, nie la Shoah* et commémore chaque 20 avril la naissance de Hitler. Il admire

surtout les SA*, troupes de choc prolétariennes du nazisme. Ce sont des proches du PNFE qui ont avoué en 1996 avoir profané le cimetière juif de Carpentras.

Le Parti nationaliste français (PNF), scission en 1983 du Front national* dirigée par d'anciens Waffen SS, propose dans son journal *Militant* un néonazisme moins caricatural.

L'idéologie

Les groupes néonazis professent un antisémitisme* racial virulent et croient en la théorie d'un complot juif visant à dominer le monde, tel qu'il est exposé dans le faux célèbre : *Les Protocoles des Sages de Sion**. En matière religieuse, ils sont résolument païens et s'apparentent souvent aux *Identity Churches* américaines (*voir* ci-contre).

Les skinheads

Ces idées se retrouvent chez les skinheads («crânes rasés» en français). Ce mouvement destiné aux jeunes, généralement de milieu populaire, né en Grande-Bretagne vers 1968 en milieu ouvrier, existe en France depuis 1979. Le mode de vie skinhead se définit par l'allure vestimentaire, la «oi» musique (variante du rock, *voir* pp. 38-39), la vie en bande et l'édition de fanzines. On compte mille skinheads français, parmi lesquels moins de 10 % de femmes. Beaucoup appartiennent au PNFE, au groupe Sang et Honneur (section française du réseau *Blood and Honour*) ou aux *Charlemagne Hammer Skins*, les plus radicaux. Ils se retrouvent lors de concerts regroupant jusqu'à six cents personnes et sont également liés aux *hooligans* des stades de football.

Un réseau international

Les skinheads français sont en relation avec ceux de toute l'Europe et même des États-Unis, par l'intermédiaire de la revue musicale *Resistance* ou du réseau *Blood and Honour*. Actuellement, le mouvement s'étend en particulier en Europe de l'Est et en Scandinavie. Il est responsable de nombreux actes violents dont le meurtre d'un jeune Marocain, le 1er mai 1995, en marge d'un cortège du Front national.

Identity Churches
Il s'agit, aux États-Unis, de mouvements racistes et antisémites qui se présentent comme des Églises protestantes et qui prétendent que la race blanche est la véritable peuple élu, donc que les Juifs comme les Noirs constituent les races maudites.

Marginal, le néonazisme se développe toutefois par l'intermédiaire du mouvement skinhead, responsable principal des actes de violence raciste en France depuis dix ans. Le mode de vie skinhead est un phénomène de bande, dont la musique et la confrontation physique sont les composantes essentielles.

PHÉNOMÈNE EUROPÉEN | GROS PLAN | APPROFONDIR

L'intégrisme catholique

L'intégrisme catholique est né au XIXe siècle en réaction au modernisme. C'est un mouvement religieux et politique, hostile à la séparation du temporel et du spirituel. En 1988, une partie des intégristes choisit le schisme par rapport à l'Église.

Jalons d'une histoire

L'intégrisme naît lorsque l'Église, en réaction à la démocratie, formule la doctrine sociale et politique contenue dans le Syllabus* (1864) et l'encyclique *Rerum novarum** (1891). Une partie du catholicisme intransigeant donne le catholicisme social représenté par Albert de Mun (1841-1914) et René de La Tour du Pin (1834-1924), une autre partie évolue vers l'intégrisme, représenté notamment sous Pie X par le réseau de la Sapinière (*voir* ci-contre). Dès le siècle dernier, l'intégrisme français a ses maîtres à penser, dont le journaliste Louis Veuillot (1813-1883) et le cardinal Pie (mort en 1880).

De l'Action française à l'après-concile

L'intégrisme n'est pas un mouvement de masse mais un réseau d'influence et une école de pensée. Il est successivement lié à l'Action française (*voir* pp. 8-9), qui a imprégné une partie du clergé, puis aux corporatistes de Vichy (*voir* pp. 10-11). Après la Libération en 1945, il s'exprime dans le mouvement la Cité catholique, puis dans les revues *La Pensée catholique* et dans *Itinéraires* (créée en 1956 et dirigée par Jean Madiran). La Cité catholique a exercé une réelle influence sur les officiers partisans de l'Algérie française (*voir* pp. 12-13).

Après le concile de Vatican II (1962-1965), l'évêque français monseigneur Marcel Lefebvre (1905-1991) devient le chef de file des intégristes. Il fonde en Suisse, en 1970, la Fraternité Saint-Pie X (*voir* encadré), qui n'est alors sérieusement concurrencée que par un autre

---

Le réseau de la Sapinière

C'est une organisation intégriste qui existait à l'intérieur de l'Église catholique entre 1909 et 1921. Son objectif était de contrer l'influence des démocrates-chrétiens et des libéraux.

Points de désaccord avec le Vatican

L'intégrisme catholique se développe en opposition à la nouvelle liturgie, à l'œcuménisme, au nouveau catéchisme et au rapprochement entre juifs et chrétiens à partir du concile de Vatican II (1962-1965).

La Fraternité Saint-Pie X

Siégeant à Écône en Suisse, la Fraternité Saint-Pie X organise chaque Pentecôte un pèlerinage entre Chartres et Paris suivi par dix mille personnes. Elle édite une revue théorique, *Fideliter*, et inspire un mouvement de laïcs, Renaissance catholique.

mouvement, la Contre-Réforme catholique de l'abbé Georges de Nantes (CRC).

D'autres groupes traditionalistes modérés, comme *Credo* et *Una Voce*, ou les Silencieux de l'Église, ont ou avaient des revendications surtout liturgiques (attachement à l'ancien rite, usage du latin) et ne peuvent être rattachés à l'extrême droite.

Enfin, à la croisée des actions religieuse et politique, la Cité catholique, rebaptisée ICTUS, continue aujourd'hui, avec sa revue *Permanences*, son action vers les élites sociales.

Depuis le schisme de 1988

Le schisme lefebvriste de l'été 1988 est causé par le sacre de quatre évêques non reconnus par le Vatican.

La Fraternité Saint-Pie X est, depuis, totalement indépendante et compte en France plus de cent prêtres, quarante prieurés et vingt-deux écoles. Ceux qui n'ont pas accepté le schisme et sont fidèles à Rome ont fondé la Fraternité Saint-Pierre, dont est proche Chrétienté-Solidarité, mouvement dirigé par Bernard Antony, l'un des leaders actuels du FN*. Alors que la CRC de l'abbé de Nantes décline, l'ex-Cité catholique travaille en marge de la droite conservatrice, sous la direction de maître Jacques Trémollet de Villers, avocat de Paul Touvier, ancien responsable de la Milice à Lyon. Enfin, certains considèrent que l'hérésie est tellement profonde au Vatican que le trône pontifical doit être considéré vacant : ce sont les « sedevacantistes ».

L'intégrisme catholique cherche à maintenir inchangés le dogme et la liturgie de l'Église. Il refuse de soumettre l'évolution de celle-ci aux valeurs du monde moderne.

Les royalistes

Les royalistes sont partisans du remplacement de la république par une monarchie héréditaire. Ils veulent supprimer la démocratie parlementaire au profit d'un régime décentralisé et corporatiste fondé sur les provinces et les corps de métiers.

« *Les rois ont fait la France, elle se défait sans roi.* » Chant royaliste.

« *Pour Maurras, la restauration de la monarchie est le seul moyen d'une renaissance française : aucun projet politique n'a de sens en l'absence du roi.* » Jean Madiran, Maurras, 1992.

La Restauration nationale

Ce mouvement créé en 1955 descend directement de l'Action française (*voir* pp. 8-9). Ainsi s'appelle d'ailleurs son hebdomadaire, fondé en 1947. La Restauration nationale, dirigée par Pierre Pujo, défend le nationalisme intégral de Charles Maurras (1868-1952) et ne l'a que peu réactualisé. Elle fait campagne contre le libéralisme, l'Europe supranationale et pour le maintien de la France dans ses territoires d'outre-mer. Elle attire quelques étudiants qui éditent la revue *Immédiatement*. Les jeunes royalistes se sont ouverts aux débats sur l'immigration et l'intégration, dialoguant avec l'association de Farid Smahi, Arabisme et Francité.

Le prétendant au trône qu'ils soutiennent est le comte de Paris, qui n'est nullement d'extrême droite et souhaite plutôt une monarchie constitutionnelle ou encore une présidence de type gaullien. Ce prince appartient à la famille d'Orléans : ses partisans sont appelés «orléanistes».

Les légitimistes

L'indifférence des maurrassiens à la question religieuse et leur fixation sur l'héritage de l'Action française a poussé certains royalistes – dont de nombreux universitaires groupés dans la revue disparue *La Légitimité* (avec Claude Polin, Claude Rousseau, Jean Barbey, Jean-Pierre Brancourt) –, à proposer une monarchie plus absolutiste, de droit divin et contre-révolutionnaire. Les légitimistes, partisans des Bourbons d'Espagne, s'expriment dans la *Feuille d'information légitimiste* ou *La Gazette royale*, proches du catholicisme intégral des lefebvristes

HISTOIRE | EN FRANCE AUJOURD'HUI | UNE CONTR CULTURE

(*voir* pp. 28-29). Malgré la qualité intellectuelle de ses animateurs, ce courant reste marginal. Il existe une vingtaine de groupes locaux rassemblés dans l'Union des cercles légitimistes de France.

Les naundorffistes

Plus mystique encore, le courant appelé «survivantiste» soutient que Louis XVII, le fils de Louis XVI et de Marie-Antoinette n'est pas mort en prison comme l'enseigne l'histoire et qu'il aurait eu une descendance: la famille Naundorff. Les naundorffistes de l'Institut Louis-XVII et de la revue *Le Lys blanc* font souvent appel aux prophéties et aux apparitions non reconnues par l'Église pour prédire que lorsque la France sera en danger de disparition, leur prétendant au trône sera reconnu par tous.

Un royalisme intellectuel

L'influence du royalisme dépasse de loin l'extrême droite. La pensée de Maurras influence certains gaullistes de gauche comme Philippe de Saint-Robert. La Nouvelle Action royaliste, fondée en 1971 et dirigée par Bertrand Renouvin, est une scission de la Restauration nationale; celle-ci a soutenu la gauche sous la présidence de François Mitterrand et combat depuis sa création toute forme de racisme et d'extrémisme. Enfin, de nombreux philosophes et écrivains qui ne sont pas d'extrême droite sont de formation maurrassienne: ainsi le philosophe Pierre Boutang, les écrivains Michel Déon, Michel Mohrt, Jacques Perret, les historiens Philippe Ariès et Roland Mousnier.

Ci-dessous : **Michel Mohrt, écrivain et membre de l'Académie française, ici en décembre 1990.**

Le royalisme, politiquement marginal, est une école de pensée dont l'influence est grande dans le monde de l'Université et des Lettres. C'est avant tout une fidélité à une conception de l'Histoire et de la Nation.

Les négationnistes

On appelle négationnistes, plutôt que révisionnistes, ceux qui cherchent à nier la réalité du génocide des Juifs commis par les nazis pendant la Seconde Guerre mondiale, ou ceux qui en minimisent l'ampleur. Le négationnisme n'est pas une proposition scientifique ou une école historique : c'est une imposture motivée par l'antisémitisme* et l'antisionisme*.

Les origines

En 1945, les criminels de guerre nazis sont jugés à Nuremberg. On sait désormais que près de six millions de Juifs et de nombreuses autres victimes sont morts dans les chambres à gaz et les camps de concentration. Pourtant, dès 1948, le Français Maurice Bardèche nie l'évidence dans son livre *Nuremberg ou la terre promise*. En 1950, c'est un ancien déporté français de gauche, Paul Rassinier, qui minimise le nombre des chambres à gaz. Évoluant ensuite vers l'extrême droite, il prétend que le génocide n'a pas eu lieu et qu'il a été inventé par les Juifs pour justifier la création en 1948 de l'État d'Israël.

Robert Faurisson, professeur de lettres à l'université de Lyon et négationniste.

Années quatre-vingt : l'émergence médiatique

Le négationnisme devient connu du grand public en 1978 avec la médiatisation des idées de Robert Faurisson, universitaire et disciple de Rassinier. Une internationale négationniste se met en place dont le centre est l'*Institute for Historical Review* en Californie. Les principaux auteurs de ce courant sont l'ancien SS* allemand Thies Christophersen, l'Américain Arthur

HISTOIRE | EN FRANCE AUJOURD'HUI | UNE CONT CULTURE

Butz, le Canadien Ernst Zündel, l'Anglais Richard Harwood, les Français Faurisson et Henri Roques. Aucun n'est historien, tous sont d'extrême droite et défendent l'idée d'un complot mondial des Juifs pour cacher la vérité sur les camps nazis.

La récupération par l'ultragauche

Très répandu à l'extrême droite, le négationnisme fait des adeptes à l'ultragauche, hostile à l'existence de l'État d'Israël.

Des groupes d'ultragauche comme La Vieille Taupe ou les bordiguistes (dissidents communistes disciples du philosophe italien Amadeo Bordega) réfléchissent depuis longtemps sur le génocide des Juifs. Ils pensent que le monde capitaliste est un enfer et que le nazisme n'était pas pire que les autres régimes fondés sur le profit et l'exploitation des hommes. Ils nient d'abord la spécificité de la Shoah*, puis sa réalité. Certains gauchistes comme Serge Thion veulent seulement que les négationnistes aient le droit de s'exprimer. Un autre, Pierre Guillaume, devient le principal animateur du négationnisme avec Faurisson. Il publie en 1996 le livre du philosophe Roger Garaudy, *Les Mythes fondateurs de la politique israélienne*.

> « *Les chambres à gaz n'ont jamais été le véritable enjeu révisionniste. Comme autrefois Rassinier, Faurisson refait le procès de Nuremberg, et parle et écrit en avocat des nazis.* » Gilles Dauvé, *Libertaires et ultragauche contre le négationnisme*, 1996.

La secte négationniste

Il existe aujourd'hui en France deux autres revues de ce genre: *Revision*, d'Alain Guionnet, et *L'Autre Histoire*, de Trystan Mordrel.

Nombre d'idéologues arabes antisémites sont négationnistes, comme le Marocain Ahmed Rami, qui dirige en Suède « Radio Islam ». Dans tout le monde musulman, des islamistes et des laïcs qui refusent l'existence d'Israël minimisent ou nient la Shoah.

Au Japon
Des négationnistes nient l'existence des crimes commis pendant la Seconde Guerre mondiale contre les pays voisins (Chine et Corée).

Dans l'extrême droite française, le négationnisme a massivement progressé depuis vingt ans. Il est soit allusif, soit ouvert, et forme un ciment idéologique commun à tous les courants.

La presse d'extrême droite

En France, dans chaque kiosque à journaux, la presse d'extrême droite est vendue. Elle diffuse des idées proches du Front national. En raison de son contenu xénophobe*, de nombreux procès lui sont intentés et les condamnations sont de plus en plus fréquentes.

Rivarol : du pétainisme au négationnisme

Rivarol, fondé en 1951, est le plus ancien journal d'extrême droite encore diffusé. Hebdomadaire, il tire à 18 000 exemplaires. Son nom est celui d'un pamphlétaire contre-révolutionnaire, Antoine de Rivarol (1753-1801). Créé pour défendre la réhabilitation du maréchal Pétain, il se consacre aujourd'hui à la propagation des idées du Front national* mais aussi des écrits niant la Shoah*. Ses rédacteurs éditent aussi un petit mensuel, *Écrits de Paris*.

National-Hebdo : l'hebdomadaire officieux du FN

National-Hebdo, vendu à quelques dizaines de milliers d'exemplaires, donne depuis 1984 le point de vue du FN. Théoriquement indépendant, il est dirigé par Jean-Claude Varanne, l'un des leaders du Front. L'écrivain Jean Mabire

y rédige une chronique littéraire qui présente les auteurs que doivent lire les militants frontistes. Le journaliste François Brigneau, ancien de la Milice (*voir* pp. 10-11), y tient une rubrique très hostile à la communauté juive et soutient les thèses négationnistes*. De même, l'ancien collaborateur anti-Juif Henry Coston y a écrit. L'un des rôles de *National-Hebdo* consiste à rapprocher du Front national les divers groupuscules d'extrême droite.

Présent :
le seul quotidien de la droite nationale

Depuis la disparition de l'Action française en 1944 (*voir* pp. 8-9), il n'existait aucun quotidien de la droite nationaliste. En 1982, l'écrivain catholique traditionaliste Jean Madiran, le futur député FN Bernard Antony et François Brigneau fondent *Présent*, diffusé aujourd'hui à plus de 10 000 exemplaires.

Sans ressources publicitaires, indépendant du FN mais appuyant son action, c'est un journal de formation théorique proche de Chrétienté-Solidarité, association dirigée par Antony. En matière religieuse, il refuse de suivre le schisme lefebvriste de 1988 et demeure fidèle au Vatican (*voir* pp. 28-29). En 1994-1995, le courant de Bruno Mégret au sein du FN lance un quotidien concurrent, *Le Français*, qui cesse de paraître en juin 1995.

Minute : à la lisière de l'extrême droite

Fondé en 1962, *Minute* a été l'hebdomadaire des partisans antigaullistes de l'Algérie française (*voir* pp. 12-13) et a vendu jusqu'à 200 000 exemplaires.

Jusqu'au début des années quatre-vingt, il est le principal vecteur des idées du FN, bien qu'il en soit alors indépendant : hostilité envers les immigrés, dénonciation de l'insécurité et de la corruption de la classe politique. *Minute* a formé nombre de journalistes d'extrême droite, et Le Pen lui-même y a travaillé. L'émergence du FN, au milieu des années quatre-vingt, a cependant limité son influence. Il incarne actuellement une ligne médiane entre le FN et la frange ultraconservatrice de la droite.

« Diffusion de la Pensée française »
Basée à Poitiers, c'est la plus importante des maisons d'édition. Elle existe depuis 1966 et compte 40 000 clients. Elle assure également un service de vente par correspondance.

La presse d'extrême droite est foisonnante. Il existe environ deux cents bulletins locaux. Des librairies spécialisées à Paris, Bordeaux, Nantes et Toulon, ainsi que des maisons d'édition, vendent des livres d'extrême droite.

La littérature d'extrême droite

L'extrême droite attache une grande importance à la formation intellectuelle de ses cadres. Elle réédite ou diffuse ses auteurs favoris, souvent ignorés du grand public, et réhabilite des écrivains compromis avec le fascisme ou le nazisme. Catholiques intégristes et royalistes possèdent leur culture propre.

Les grands auteurs

L'extrême droite voue un culte aux «écrivains maudits» engagés dans la collaboration (*voir* pp. 10-11): leurs œuvres forment un tronc commun à toutes les tendances. Robert Brasillach, fusillé en 1945, est le plus vénéré de ces «réprouvés». Responsable pendant l'Occupation du journal *Je suis partout*, il avait acclamé le «*fascisme immense et rouge*» et approuvé la déportation des Juifs en demandant que l'on n'épargne pas les enfants. Pierre Drieu La Rochelle se suicide à la Libération. Nihiliste, hanté par l'idée de décadence, il est pour les nationalistes-révolutionnaires (*voir* pp. 22-23) un précurseur du nationalisme européen. Pour les mêmes raisons, et à cause de son antisémitisme* forcené, l'extrême droite lit aussi Louis-Ferdinand Céline (1894-1961), écrivain de talent mais pronazi.

Les nationalistes conti-

Robert Brasillach (*à droite*) aux côtés de Charles Maurras dans les années trente.

nuent à méditer les œuvres d'Édouard Drumont (1844-1917), Charles Maurras (1868-1952), Maurice Barrès (1862-1923), Léon Daudet (1867-1942) et de l'historien Jacques Bainville (1879-1936). Les contre-révolutionnaires ont des maîtres à penser datant du XIXᵉ siècle : ce sont Louis de Bonald (1754-1840), Joseph de Maistre (1753-1821) et Donoso Cortès (1809-1853), adversaires de la Révolution française, Louis Veuillot (1813-1883), ennemis du catholicisme libéral. Quant aux catholiques sociaux corporatistes, ils lisent Frédéric Le Play (1806-1882), Albert de Mun (1841-1914), René de La Tour du Pin (1834-1924). Il s'agit d'une culture passéiste, fixée.

Une nouvelle génération d'auteurs

Les militants nationalistes-révolutionnaires ont une prédilection pour les récits des combats de la Waffen SS* rédigés par Saint-Loup et Jean Mabire, tous deux très appréciés par la nouvelle droite (*voir* pp. 20-21). Par leurs récits, les anciens de la SS française (tels Henri Fenet, Robert Dun) ont transmis le flambeau à une nouvelle génération. Celle-ci puise aussi sa vision de l'action politique dans le livre de Dominique Venner, *Pour une critique positive* (1962), ainsi que chez Maurice Bardèche, théoricien du néofascisme.

Des auteurs plus jeunes utilisent des genres nouveaux : roman d'anticipation évoquant une future guerre raciale (*La Toussaint blanche*, de Philippe Gautier, a dépassé 10 000 exemplaires), récits d'aventures pour adolescents ou bandes dessinées de Francis Bergeron et Alain Sanders.

Une contre-histoire de France

L'extrême droite veut réécrire l'histoire du point de vue des vaincus. Elle multiplie les ouvrages sur la chouannerie* et les révoltes contre-révolutionnaires, sur le maréchal Pétain et les combats de l'OAS (*voir* pp. 12-13). Sur chaque sujet, les auteurs cherchent à démontrer le contraire de ce qui est généralement admis. Souvent, leur vision des faits débouche sur la croyance en la théorie du complot.

« L'esprit et l'intelligence des contre-révolutionnaires doivent être nourris en permanence de solides lectures qui sont, dans le monde moderne, l'antidote quotidien à l'empoisonnement des esprits par la révolution et les médias à son service. »
Jean Auguy, Lecture et tradition.

La littérature est pour l'extrême droite le moyen de transmettre aux jeunes militants l'expérience historique et idéologique des générations antérieures. L'adhésion à la culture d'extrême droite repose sur un fort rejet de la culture dominante jugée subversive.

La musique d'extrême droite

Une extrême droite non conformiste utilise
la musique pour diffuser ses idées.
Elle s'adresse aux jeunes et fait passer
son message par le rock, la techno,
la musique industrielle. Elle cherche
à récupérer le *death metal* ou le *black
metal* pour diffuser les thèmes satanistes.

Le rock skinhead

La «oi» music est un rock primaire utilisé par les skin-heads*. Son groupe culte est *Skrewdriver* avec notamment son chanteur Ian Stuart Donaldson. Les paroles des chansons sont politiques et racistes: elles prônent la suprématie de la race blanche et la violence contre les étrangers.

Les groupes français sont souvent nazis: ainsi *Swastika*, *Viking*, & *Panzer Symphonie*.

Les groupes dits RAC (*Rock against communism*) jouent un rock plus élaboré. Les concerts peuvent rassembler en France jusqu'à six cents personnes et donnent souvent lieu à des violences.

La tentation sataniste

Divers groupes, surtout suédois et norvégiens, produisent des disques de *black metal* ou *death metal* (dérivés du hard rock) dont les chansons combinent satanisme* et idéologie néonazie. Les plus connus, *Mayhem* ou *Burzum*, inspirent des actes de violence: fanatiquement antichrétiens, les satanistes brûlent des églises (une cinquantaine en Norvège) ou profanent des cimetières comme l'a fait un membre du groupe *Funeral* à Toulon en juillet 1996. L'impact de l'Église de Satan, fondée au début des années quatre-vingt par l'Américain Anton La Vey, et celle du mage anglais Alesteir Crowley sont déterminantes dans ce courant. Les satanistes pratiquent la magie noire et vouent une haine totale à toute l'humanité. Leur influence déteint sur une partie de la scène gothic rock.

« *La violence
n'est pour nous
ni un système
ni une esthétique
et encore moins
un divertissement.
C'est une nécessité
brutale à laquelle
nous avons
à nous soumettre.* »
Laibach,
groupe slovène.

HISTOIRE | EN FRANCE AUJOURD'HUI | UNE CONTR CULTURE

L'esthétique fascisante

Dans les années quatre-vingt se développent des groupes de qualité qui font la conquête d'un auditoire d'extrême droite à cause de l'ambiguïté de leur message : *Death in June*, *Joy Division* et aujourd'hui *Strenght Through Joy* affectionnent de prendre une allure martiale ; ils ont le goût des uniformes et des oriflammes, des références aux mythes indo-européens. Toutefois, ils n'assument pas clairement un engagement politique, contrairement au groupe slovène *Laibach*.

Tous sont appréciés dans la mouvance nationaliste-révolutionnaire (*voir* pp. 22-23).

L'électro-industriel

Cette mouvance nationaliste-révolutionnaire, de même que le mouvement Nouvelle Résistance et quelques fanzines spécialisés (*Napalm Rock* à Aix, *Omega* et *Kunst* en Alsace) se passionnent désormais pour la musique électro-industrielle dont Jean-Marc Vivenza, proche de Nouvelle Résistance, est l'une des références en France.

Ci-dessous : Un numéro de 1995 d'*Omega*, un fanzine spécialisé dans la musique électro-industrielle.

L'extrême droite est attirée par la charge émotive, le non-conformisme esthétique de cette musique qu'elle associe au futurisme, école liée au début au fascisme. C'est une musique totalitaire, utilisable pour la manipulation des masses, intégrant la violence comme une donnée positive de la vie sociale.

L'extrême droite diffuse les musiques qu'elle estime subversives pour la jeunesse. L'influence croissante de l'occultisme* et du satanisme se combine avec une politisation vers le néonazisme. Pour certains, la musique industrielle rejoint l'esthétique totalitaire du fascisme, idéologie qui voue un culte à la modernité.

Dans l'espace francophone

L'extrême droite se développe partout en Europe, mais le Front national sert surtout de modèle dans les pays voisins de langue française.

Une brochure du *Vlaams Blok* flamand éditée en août 1992.

Belgique : des extrémistes forts mais divisés

C'est dans les Flandres que l'extrême droite est la plus puissante. Le *Vlaams Blok*, fondé en 1978, y obtient 12 % des voix aux législatives de mai 1995 et 3,7 % à Bruxelles. À Anvers, il atteint 28 %. Représenté au Parlement fédéral, il est hostile à la Belgique unifiée et veut l'indépendance de la Flandre avec Bruxelles comme capitale. Son slogan est «*Notre peuple d'abord*». En Wallonie, le Front national créé en 1985 par Daniel Féret a éclaté après avoir, en mai 1995, remporté 5,5 % des voix aux législatives (3,7 % à Bruxelles et deux députés fédéraux). L'aile dirigée par Féret est désormais minoritaire. Un autre FN wallon fondé par la députée Marguerite Bastien a le soutien du FN français. Tous deux sont forts dans les centres industriels touchés par la crise.

À Liège, le parti AGIR, lui aussi divisé, représente 3 % des voix aux législatives de 1995. Ces scissions semblent profiter au Parti communautaire national-européen (PCN), basé à Charleroi.

Suisse : xénophobie et crainte de l'Europe

L'extrême droite est plus forte en Suisse alémanique qu'en Suisse romande où, dans les années quatre-vingt, le groupe principal était Vigilance, à Genève. Deux partis dénoncent l'immigration et s'opposent à une éventuelle entrée du pays dans l'Union européenne (UE): les Démocrates suisses de Rudolf Keller (trois députés au Conseil fédéral) et le Parti de la liberté (sept sièges). Tous deux font campagne contre la loi antiraciste votée par référendum en 1994.

L'Union démocratique du centre, de Christoph Blocher, n'est pas d'extrême droite mais tient un discours xénophobe*. Elle vote en 1994 la loi sur l'expulsion des étrangers clandestins.

Le plus ancien groupe néonazi* et négationniste* d'Europe est basé à Lausanne depuis 1951: c'est le Nouvel ordre européen. Son bulletin, *Courrier du Continent*, est rédigé par Gaston Amaudruz. Le bulletin négationniste *Le Pamphlet* est édité à Lausanne par Mariette Paschoud. Les intégristes lefebvristes (*voir* pp. 28-29) ont leur siège mondial à Écône (canton de Vaud) et éditent la revue *Controverses*.

Luxembourg: un pays sans extrémisme

Le Luxembourg est le seul pays d'Europe dont plus du tiers des habitants sont étrangers. La xénophobie y est pourtant très faible: le *National Bewegong* de Pierre Peters, qui recueillait moins de 3%, vient d'ailleurs de se dissoudre. Il était favorable à l'emploi du Luxembourgeois plutôt que du Français.

Au Québec

Avant 1940, l'extrême droite dirigée par le pronazi Adrien Arcand était forte. Elle est depuis inexistante. L'antisémitisme* existe chez les indépendantistes du Mouvement de libération nationale du Québec, de Raymond Villeneuve, mais ne fait pas partie de l'idéologie du Parti québécois. C'est au Canada anglophone, particulièrement dans l'Ontario, qu'opèrent racistes et néonazis comme le négationniste Ernst Zündel. Sont actifs les créditistes* de *Vers demain*, le journal *Faire front* à Laval (banlieue de Montréal) et les skinheads* de *Troupes de choc*.

Dans l'Union européenne

Depuis les années quatre-vingt, l'extrême droite, le racisme et la xénophobie progressent dans presque toute l'Europe occidentale.

Italie : des néofascistes au gouvernement

Fondé en 1946, le Mouvement social italien (MSI), néofasciste, change de nom en 1995 pour devenir l'Alliance nationale (AN), dirigée par Gianfranco Fini. En 1994, elle remporte 13,5 % des voix (plus de cinq millions) et obtient cinq postes dans le gouvernement de Silvio Berlusconi (de mars à novembre 1994). L'AN prétend avoir abandonné les valeurs fascistes et récuse le racisme*. Les radicaux de l'AN décident d'ailleurs en 1995, avec Pino Rauti, de créer le MSI-Flamme tricolore, qui recueille aux élections législatives d'avril 1996 1 % des voix et a un sénateur en Sicile.

Les ligues comme la *Lega Nord* d'Umberto Bossi (8,4 % des voix) veulent l'indépendance du Nord, appelé «Padanie». Sans être d'extrême droite, elles encouragent la xénophobie*.

Allemagne : le reflux

Nés en 1983, les Républicains (*Republikaner*) progressent jusqu'en 1993, profitant de la crise économique, des chocs sociaux causés par la réunification depuis 1990, de la crainte des étrangers. Étroitement surveillés par la police à cause de leur extrémisme, ils atteignent aujourd'hui à peine 2 %. Plusieurs groupes concurrents ont quelques élus locaux : la *Deutsche Volksunion*, menée par Gerhard Frey, la *Deutsche Liga*, influencée par la nouvelle droite (tant allemande que française, *voir* pp. 20-21) et le NPD (*Nationalpartei Deutschlands*), dont l'idéologue Günter Deckert est ouvertement négationniste*. Ces deux groupes sont en perte de vitesse. L'extrême droite allemande comporte au total 65 000 militants, dont plus de 3 000

L'extrême droite britannique

Le scrutin uninominal à un tour lamine les extrêmes. Le *British National Party* et le *National Democratic Party* (néonazis) ont remporté quelques bons scores locaux. Du fait des agissements des skinheads, le niveau de violence contre les immigrés de couleur reste très élevé.

---

néonazis*. Nombreux et souvent très jeunes, surtout dans les *Länder* (États fédéraux) de l'Est, les néonazis comme les skinheads* sont responsables de nombreuses agressions racistes.

Autriche : vers le pouvoir ?

Le Parti libéral FPÖ (*Freiheitliche Partei Österreichs*) est devenu, sous la direction de Jörg Haider, hostile aux étrangers et partisan de la réhabilitation de certaines idées nazies. Avec 22,6 % des voix aux élections législatives de 1994, c'est le troisième parti autrichien. Il tente de s'imposer comme partenaire obligé d'une coalition pour les élections législatives de 1998.

Scandinavie : la fin d'un modèle ?

Naguère tolérants, les pays scandinaves subissent aussi la récession économique, et des partis populistes* et xénophobes surgissent. Au Danemark, le *Fremskridtspartiet* (Parti progressiste) obtient 6,4 % des voix et onze députés aux élections législatives de 1994 ; en Norvège, le *Fremskittspartiet*, dirigé par Carl Hagen, atteint 12 % et compte six élus aux élections locales de 1995 ; en Suède, Démocratie nouvelle (*Ny democraty*) ne dépasse pas 0,1 % aux législatives de septembre 1994. Les groupes skinheads, la musique rock au message raciste (*voir* pp. 38-39), progressent partout.

Europe du Sud : un extrémisme marginal

C'est dans les anciennes dictatures d'Europe méditerranéenne que l'extrême droite est la plus marginalisée. En Espagne, les phalangistes et l'Alliance pour l'unité nationale ne dépassent pas 0,07 % aux élections législatives de 1996. Elle est inexistante au Portugal. En Grèce, les nostalgiques des Colonels (l'EPEN) et les néonazis de *Chrissi Avghi* (l'Aube dorée) recueillent 0,31 % aux législatives de 1996.

L'extrême droite progresse surtout dans les pays européens où la crise économique désigne comme boucs émissaires les étrangers. En Italie, pour la première fois depuis la fin du fascisme en 1944, un parti d'extrême droite a accédé au gouvernement.

Europe de l'Est :
la poudrière nationaliste

**La chute du communisme en 1989
a permis aux nationalismes extrémistes
de s'exprimer et parfois d'arriver au pouvoir.
Pour cette raison, l'avenir de la démocratie
dans les pays de l'ex-bloc de l'Est
est incertain.**

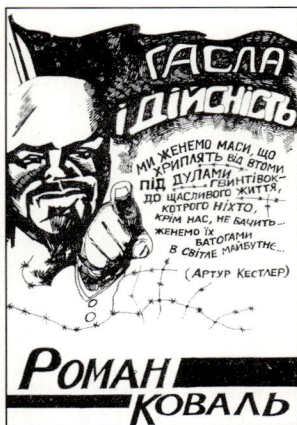

*« Il faut fermer
les frontières
de l'Ukraine
et arrêter la sale
vague des cultures
russe et occidentale. »
Programme
de Roman Koval
(couverture de son
livre ci-dessus), leader
du DSU ukrainien
(Indépendance
de l'État d'Ukraine).*

Russie :
convergence entre les extrêmes

Lors de l'élection présidentielle de 1996,
le communiste Vladimir Ziouganov obtient
40 % des voix.

Il a été soutenu par les nationalistes antisémites* du journal *Zavtra* ; par les staliniens
de Viktor Anpilov, opposés à toute présence
étrangère en Russie, et par les députés
nationalistes de La Voie russe dirigée par Serge
Babourine.

Le Parti libéral-démocrate de Vladimir
Jirinovski, avec 5 % des voix aux élections
présidentielles de juin 1996, est en baisse.
Il est partisan d'une Grande Russie réunissant
les anciennes républiques de l'URSS et veut
conquérir les pays limitrophes d'Asie.

De nombreux groupes extrémistes existent, principalement opposés aux Juifs et aux peuples du Caucase.
Le plus important d'entre eux est l'Union nationale russe
d'Alexandre Barkachov.

Roumanie :
des fascistes au gouvernement

En 1994-1996, le gouvernement roumain accueille des
ministres de deux partis antisémites, racistes* anti-Tsiganes
et très hostiles à l'importante minorité hongroise. Le Parti

de l'unité nationale roumaine de Gheorghe Funar et le Parti de la Grande Roumanie (*Romania Mare*) de Corneliu Vadim Tudor représentent respectivement 7,7 % et 3,9 % des voix et sont liés aux partisans de l'ancien dictateur communiste Nicolae Ceaucescu. Un large mouvement d'opinion cherche à réhabiliter Ion Antonescu, le chef d'État pronazi de 1940 à 1944, et plusieurs groupes propagent les idées du grand groupe fasciste d'avant-guerre, la Garde de Fer, et de son idéologue Corneliu Z. Codreanu.

Slovaquie : un pouvoir xénophobe

Refusant l'exercice normal de leurs droits civiques à la minorité hongroise et aux Tsiganes, le parti HZDS du président Vladimir Meciar réhabilite le régime pronazi de monseigneur Josef Tiso (chef de l'État slovaque de 1939 à 1945), il contrôle la presse et s'appuie sur des organisations culturelles nationalistes comme la Matica slovaque. Le Parti national slovaque (SNS), encore plus extrémiste, est entré au gouvernement en octobre 1994. En Slovaquie, la notion de citoyenneté disparaît à présent au profit de celle d'appartenance à un peuple défini par la langue, la religion et l'histoire.

Ex-Yougoslavie : les chefs de guerre de l'extrême droite

La guerre civile en ex-Yougoslavie a provoqué des massacres constituant un génocide à fondement ethno-religieux. Les milices armées ultranationalistes en ont souvent été les exécutantes. Le Parti croate du droit, héritier idéologique des oustachis* pronazis, obtient quatre députés aux législatives d'octobre 1995. L'aile extrémiste du parti HDZ (Union démocratique croate, parti du président croate Franjo Tudjman) au pouvoir en Croatie est soutenue par plusieurs groupes d'extrême droite occidentaux.

C'est cependant en Serbie que les extrémistes ont le plus participé à la purification ethnique. Vojislav Seselj et Arkan, respectivement chefs du Parti radical serbe et du Parti d'unité serbe, sont considérés comme criminels de guerre à cause de leurs actions meurtrières contre les Bosniaques.

En Europe de l'Est, la conception républicaine de la Nation est combattue par l'extrême droite qui fait de l'ethnie, de la langue et de la religion les facteurs déterminants de l'appartenance à un peuple. Le nationalisme de l'extrême droite rejoint souvent celui des nostalgiques du régime communiste.

Une Internationale extrémiste ?

Il est difficile à l'extrême droite, nationaliste par essence, de s'organiser au plan supranational. Mais on constate dans le monde entier une recrudescence des nationalismes extrémistes et une intensification des échanges entre eux.

L'influence américaine

L'idéologie raciste élaborée aux États-Unis par des groupes comme *Aryan Nations* ou *The Order*, sortes de sectes fondamentalistes violentes, traverse aujourd'hui l'Atlantique. La *National Alliance* (mouvement américain dont William Pierce est le leader) possède une antenne en Europe et diffuse un livre qui est la «Bible» des suprémacistes*: *The Turner Diaries* (1974), récit de la révolte armée d'une population blanche contre les gens de couleur. Ces groupes défendent l'idée reprise par tous les néonazis* européens selon laquelle les États sont en fait dirigés par les Juifs: c'est le *Zionist Occupation Government* (ZOG, «gouvernement d'occupation sioniste»). L'Église du Créateur, autre groupe américain actif en Europe, prétend que le christianisme est d'origine «aryenne» et non juive.

Le NSDAP/AO, parti néonazi nord-américain dirigé par Gary Lauck, publie des bulletins en neuf langues européennes. Son leader est actuellement emprisonné en Allemagne.

Une affiche du groupe américain *Aryan Nations*.

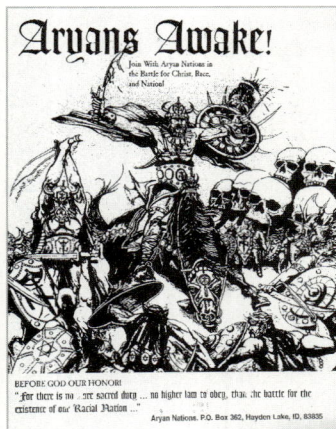

Aryans Awake!

Join With Aryan Nations in the Battle for Christ, Race, and Nation!

BEFORE GOD OUR HONOR!
" for there is no ... are sacred duty ... no higher law to obey, than the battle for the existence of our 'Racial Nation ..."

Aryan Nations, P.O. Box 362, Hayden Lake, ID, 83835

Ailleurs dans le monde

L'extrême droite est soupçonnée d'avoir aidé les terroristes islamistes à commettre l'attentat de juillet 1994 contre le siège de la communauté juive d'Argentine, pays où le parti ultranationaliste MODIN est représenté au Parlement.

En Afrique du Sud, les partisans de l'apartheid* ont fondé en 1969 le *Conservative Party*, le *Freedom Front* et le HNP qui veulent créer un État blanc indépendant. L'*Afrikaner Weerstandbeweging* (AWB) d'Eugène Terre-Blanche poursuit le même but par la lutte armée.

En Océanie se développe un racisme* envers les Asiatiques. Il s'exprime en Australie à travers l'*Australian League of Rights*, et en Nouvelle-Zélande par le parti *New Zealand First*, qui est entré au Parlement en octobre 1996.

Le rôle du Front national

Le FN* ambitionne de diriger une sorte d'Internationale des groupes nationalistes. C'est pourquoi Le Pen multiplie les contacts avec les partis d'Europe de l'Est : il se rend ainsi en octobre 1996 en Hongrie à l'invitation du MIEP (Parti de la vérité et de la vie hongroises) de Istvan Csurka. Le parti étend aussi ses contacts hors d'Europe : Le Pen va à plusieurs reprises en Irak, où il rencontre Saddam Hussein, qu'il soutient. Les catholiques de Chrétienté-Solidarité (*voir* pp. 28-29) prennent en charge, en 1995, la défense du leader maronite libanais Samir Geagea, injustement condamné par la Syrie.

Le Cercle national des Français de l'étranger (CNFE), sorte d'association satellite du FN dirigée par Jacques Doré, prétend avoir 3 000 membres dans le monde. C'est lui qui organise en 1996 la visite d'un vice-président du FN au Québec. Il est également bien implanté en Afrique francophone, notamment au Gabon.

La riposte européenne

Le développement des liens internationaux de l'extrême droite a poussé l'Union européenne à créer en 1994 une commission consultative contre le racisme et la xénophobie*. Son rôle est de mettre au point l'harmonisation des législations antiracistes nationales. Depuis 1996, une coopération judiciaire pour la répression du racisme est mise en place.

À l'écran et sur Internet
Les nouvelles technologies (télévision par câble et satellite, Internet) facilitent la diffusion du racisme et du négationnisme par-delà les frontières.

L'extrême droite se développe partout dans le monde. Les échanges s'intensifient entre partis ultranationalistes et xénophobes, non seulement à l'intérieur de l'Europe mais aussi, en particulier, avec l'Amérique du Nord.

La théorie du complot : un ciment commun

L'histoire résulte de rapports sociaux et de mouvements d'idées ou, pour les croyants, d'une volonté divine. Pour l'extrême droite, elle est déterminée par des « forces occultes » qui complotent pour dominer le monde.

« À l'égard de la franc-maçonnerie, notre lutte est une lutte à mort où nous n'avons pas à distinguer les principes des personnes, car ces principes sont foncièrement opposés à ceux de l'Ordre Nouveau. » José Streel, dirigeant de la collaboration belge, extrait de sa dernière lettre écrite avant d'être exécuté en 1946.

Déclaration Balfour

C'est la promesse faite en 1917 par le gouvernement britannique aux dirigeants sionistes de créer un foyer national juif en Palestine. L'État d'Israël est fondé par la suite en 1948.

L'antimaçonnisme

En 1797, le jésuite Augustin Barruel publie les *Mémoires pour servir à l'histoire du jacobinisme*, encore réédités de nos jours, qui accusent les francs-maçons et les Illuminés de Bavière fondés par Adam Weishaupt (groupe paramaçonnique opposé au pouvoir absolu des monarchies) d'avoir fomenté la Révolution française. Sa thèse trouve des adeptes dans l'Église catholique, qui interdit l'appartenance à la franc-maçonnerie : au XIXe siècle chez Jacques Crétineau-Joly et le cardinal Pie puis, de 1912 à 1939, dans la *Revue internationale des sociétés secrètes* de monseigneur Jouin. Pour ces intégristes, la franc-maçonnerie est une création des Juifs pour dominer l'univers en abolissant les États et créer un gouvernement mondial religieusement athée ou antichrétien. Les partisans de cette théorie, Léon de Poncins, Henry Coston et Jacques Ploncard d'Assac, inspirent Vichy (*voir* pp. 10-11), qui interdit la franc-maçonnerie en 1940.
Coston et Ploncard, qui signent aujourd'hui dans *Présent* ou *National-Hebdo*, dirigent alors un Centre d'action et de documentation antimaçonnique jugé extrémiste par les nazis eux-mêmes !

Le pseudo-« complot juif »

L'antimaçonnisme rejoint l'antisémitisme*. L'idée d'un complot des capitalistes juifs est née chez le publiciste* Alphonse Toussenel en 1845. Mais le texte fondateur de la théorie du complot juif est les *Protocoles des Sages*

HISTOIRE | EN FRANCE AUJOURD'HUI | UNE CONTRE CULTURE

de Sion*, écrits en 1897-1898 par la police tsariste russe. Après l'arrivée au pouvoir des communistes soviétiques en 1917 et la déclaration Balfour (*voir* encadré) donnant aux Juifs le droit à un État, les *Protocoles* sont propagés depuis toujours par la propagande nazie, qui explique que les Juifs sont à l'origine du bolchevisme et des deux guerres mondiales, qu'ils contrôlent les États-Unis et le capitalisme. Après 1945, ils sont diffusés dans le bloc communiste et, depuis la création d'Israël en 1948, dans les pays arabes.

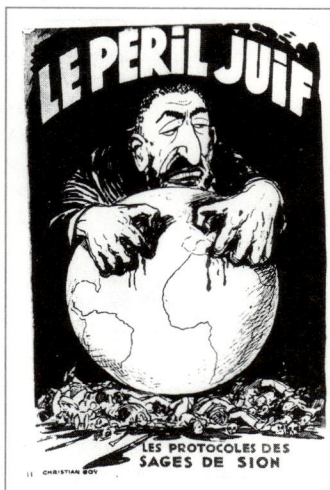

Édition française des *Protocoles des Sages de Sion*.

Nouvelles sociétés secrètes

La théorie du complot s'est affinée depuis 1945. Hostile à l'Europe et à la mondialisation, l'extrême droite dénonce désormais les cercles de réflexion économiques et financiers comme le groupe de Bilderberg et la Commission trilatérale (ces derniers étant des groupes d'hommes d'affaires réunis au niveau international), accusés de dicter aux nations une politique favorable aux banques et à la grande industrie.

Les catholiques intégristes imputent aux franc-maçons et aux Juifs la responsabilité de l'œcuménisme et des changements dans l'Église. Ils désignent souvent comme centre du complot mondial une organisation juive d'origine maçonnique, le *Bnai Brith* (de l'hébreu, « les fils de l'Alliance »).

Le mondialisme

Le Front national utilise cette théorie du complot. Pour Bruno Mégret, « *le mondialisme, ou le cosmopolitisme, constitue la question clef de la fin du XX*e *siècle* ». Le journal *Présent* (*voir* pp. 34-35) désigne le *Bnai Brith* comme manipulant toute la vie politique française ; Le Pen dénonce les groupes de pression et la franc-maçonnerie qui gouvernent la France. Ainsi est réactualisé le vieil antijudaïsme.

La théorie du complot réunit autour d'une même interprétation de l'histoire fondée sur l'antisémitisme tous les courants de l'extrême droite.

Antisémitisme et antisionisme

En France, l'extrême droite n'a jamais accepté que les Juifs soient des citoyens à part entière. Son antisémitisme culmine avec les persécutions organisées par le régime de Vichy. Mais un nouveau préjugé naît avec la création, en 1948, de l'État d'Israël: c'est l'antisionisme.

La tradition antisémite française

Les Juifs deviennent citoyens français en 1790-1791. Royalistes et contre-révolutionnaires sont peu antisémites: leur préjugé est religieux, fondé sur l'enseignement de l'Église catholique dirigé contre le peuple jugé déicide et coupable de la mort de Jésus.

Au milieu du XIXe siècle, l'antisémitisme* devient économique et social. Il est partagé par un socialiste comme Pierre Joseph Proudhon (1809-1865) et par la plupart des marxistes pour qui les Juifs sont les bénéficiaires du capitalisme.

L'antisémitisme est alors très répandu chez les ouvriers et dans la bourgeoisie, sensibles aux écrits d'Édouard Drumont (1844-1917). Une moitié des Français croit à la culpabilité du capitaine Dreyfus*.

Vient ensuite Charles Maurras (*voir* pp. 8-9) qui dénonce les Juifs comme l'un des *« quatre États confédérés »* qui colonisent la France. Pour lui, un Juif ne peut s'intégrer: il est par essence vagabond, cosmopolite et symbolise la subversion.

L'antisémitisme de Vichy

L'extrême droite prétend que Vichy (*voir* pp. 10-11) n'a pas persécuté les Juifs et que la déportation a été décidée par les nazis. Pourtant, les autorités françaises ont devancé les exigences allemandes, car elles étaient convaincues que les Juifs étaient responsables de la défaite de 1940, de la décadence du pays, qu'ils étaient *« l'Anti-France »*.

Des associations veulent réhabiliter Pétain. Plusieurs

« La culture nationale juive, c'est le mot d'ordre des rabbins et des bourgeois, le mot d'ordre de nos ennemis. » **Lénine.**

cadres du FN* en sont membres et ce parti accueille d'anciens collaborateurs: son premier secrétaire général, Victor Barthélémy, a été l'adjoint de Jacques Doriot (1898-1945); son premier trésorier, Pierre Bousquet, s'était engagé dans la Waffen SS*. L'extrême droite a aussi défendu le milicien Paul Touvier, ancien responsable de la Milice à Lyon, mort en 1996.

Une extrême droite pro-israélienne

Après 1945, les groupuscules restent antisémites. Ensuite, les partisans de l'Algérie française (*voir* pp. 12-13), hostiles aux pays arabes, voient dans Israël un allié et se rapprochent de la droite israélienne. Ils considèrent Israël comme le seul pays capable de s'opposer à la pénétration communiste au Moyen-Orient. Aussi, lors de la guerre des Six Jours en 1967, Xavier Vallat, l'ancien commissaire aux questions juives de Vichy, et Lucien Rebatet (1903-1972), romancier antisémite, soutiennent-ils Israël.

Depuis 1973 : l'antisionisme d'extrême droite

Lors de la guerre du Kippour en 1973, l'extrême droite réalise que l'Europe dépend économiquement du monde arabe. L'engagement de nombreux Juifs à gauche et dans le mouvement de Mai 1968 accroît son antisémitisme, et lorsque les Palestiniens utilisent le terrorisme contre Israël, elle les soutient. Des membres du groupe Jeune Europe (*voir* pp. 24-25) se battent avec les terroristes palestiniens du Fatah. Depuis, la droite extrême est proarabe, comme le montre l'appui du FN à l'Irak pendant la guerre du Golfe (août 1990-février 1991). Souvent, elle nie le droit à l'existence de l'État juif: c'est l'antisionisme.

Un tract du groupuscule, l'Œuvre française, datant de 1990.

CRISE DU GOLFE:
NON AU DIKTAT SIONISTE !

L'antisémitisme diminue en France depuis 1945. Il est souvent remplacé par l'antisionisme, c'est-à-dire la négation du droit des Juifs au retour en Israël.

Biographie de Jean-Marie Le Pen

Jean-Marie Le Pen, président du Front national, a permis à l'extrême droite française de sortir de la marginalité. Autour de sa personne se rassemblent des tendances que tout sépare idéologiquement. C'est pourquoi sa succession sera déterminante pour l'avenir du FN.

Condamnations

Le 14 janvier 1971, la Cour de cassation condamne Le Pen pour « apologie de crimes de guerre » et le 11 octobre 1989 pour ses propos sur les chambres à gaz.

Jean-Marie Le Pen, dans son bureau du Front national en 1973.

Un homme de la IVe République

Le Pen est né en Bretagne le 20 juin 1928 dans un milieu modeste. Il devient président de la Corporation des étudiants en droit à Paris en 1949. Il est alors de droite sans être membre d'un parti.

Élève de l'École militaire de Saint-Maixent en 1953, il combat en Indochine avec son ami Jacques Peyrat, actuel maire de Nice. À son retour, il rejoint le mouvement poujadiste* et devient le plus jeune député de France le 2 janvier 1956. À l'époque, il est partisan d'une Algérie française intégrant totalement la population musulmane. Très vite, Le Pen rompt avec Pierre Poujade : sa traversée du désert commence alors. Il s'engage dans l'armée pour l'expédition de Suez en 1956, puis part en Algérie.

La guerre d'Algérie (1954-1962)

En 1957 en métropole, Le Pen fonde le Front national des combattants. En 1958, il est réélu député avec le soutien du Centre national des indépendants (CNI). Il lance en

1960 le Front national pour l'Algérie française mais ne participe pas à l'OAS (*voir* pp. 12-13). Pendant cette période, il rencontre beaucoup de ceux qui le suivront au FN*. Battu aux élections législatives de 1962, il prépare les présidentielles de 1965 où l'extrême droite présente contre de Gaulle l'avocat Jean-Louis Tixier-Vignancour. Le Pen dirige sa campagne. Son score est modeste : 5,27 %. Le Pen quitte ensuite la politique et dirige une petite association, le Cercle du Panthéon (qui organise entre autres choses des débats). Il s'occupe de sa maison de disques, la SERP.

La fondation du FN

Ce n'est pas Le Pen qui, en 1972, fonde le FN. L'idée revient au groupe Ordre nouveau qui accepte de lui donner la présidence. Le Pen, avec ses amis Pierre Durand et Roger Holeindre, évince ensuite Ordre nouveau. Candidat du FN aux législatives de 1973 à Paris, il recueille 5 % des voix. Aux présidentielles de 1974, son score est de 0,74 %. Le FN reste jusqu'en 1983 un groupuscule : aux présidentielles de 1981, Le Pen ne peut même pas être candidat. Mais il sait organiser son parti autour de sa personne et fait de la politique à long terme en concentrant son discours démagogique sur le thème de l'immigration.

Au centre de la vie politique

Le FN perce aux municipales de 1983 : Le Pen est élu conseiller d'arrondissement à Paris. Depuis juin 1984, il est député au Parlement européen. En 1986, il est élu député à l'Assemblée nationale. Il est constamment réélu à la tête du FN et augmente son score à chaque élection présidentielle jusqu'à atteindre 15 % en juin 1995.

Excellent orateur, Le Pen cherche souvent, lors des débats, à choquer son auditoire. En septembre 1987, il qualifie les chambres à gaz de «*point de détail de l'histoire de la Seconde Guerre mondiale*», et en septembre 1996 il se déclare convaincu de «*l'inégalité des races*». Aujourd'hui, 71 % des Français pensent que Le Pen et son parti sont un danger pour la démocratie.

Le Pen n'a pas de pensée politique propre mais, grâce à son discours contre les étrangers, il s'est imposé depuis 1983 comme un acteur incontournable de la vie politique française.

Qui sont les jeunes d'extrême droite ?

En France, aux élections présidentielles de 1995, 18 % des jeunes de moins de 25 ans ont voté FN. C'est dans cette tranche d'âge que ce parti a le plus progressé. Aujourd'hui, le Front national de la jeunesse dit compter autour de 12 000 adhérents.

Le Front national de la jeunesse

Fondé en décembre 1973, le FNJ est dirigé par Samuel Maréchal. Il se développe après 1984 en luttant contre SOS-Racisme et contre l'égalité des droits entre Français et étrangers. Plus radical que le parti lui-même, il lance en 1995 le slogan «ni droite, ni gauche». Il affirme représenter la «vague rebelle» en lutte contre la classe politique. En plus de son journal national *Agir pour faire front*, il édite des bulletins locaux qui cultivent le goût de la provocation et des références au fascisme: lors de son défilé du 1er mai 1996, le FNJ parisien a vendu des portraits de Codreanu, le fondateur de la Garde de Fer roumaine (*voir* pp. 44-45), responsable de l'extermination des Juifs en Roumanie. Le FNJ-Paris et son journal *Première ligne* sont nettement nationalistes-révolutionnaires (*voir* pp. 22-23) et l'unité d'action avec des groupuscules (tels que l'Œuvre française, les skinheads* des Jeunesses nationalistes révolutionnaires) s'est renforcée depuis 1994.

Au lycée et à l'université

L'action du FN* passe par le Renouveau étudiant, fondé en 1990 et dirigé par Samuel Bellanger. Aux élections universitaires de 1996, il recueille 2,95 % des voix. Les listes présentées sous le sigle UNED (Union nationale des étudiants de droite) lui sont apparentées. Il s'oppose à l'UNI (Union nationale interuniversitaire), syndicat étudiant émanant de la droite du RPR. Le Renouveau étudiant se réclame d'une «*révolution populaire, aristocratique et spirituelle*» dont

Implantation
Désormais, près de 20 % des jeunes votent pour le Front national. Le FN poursuit son implantation dans les lycées et les universités où étudient la moitié de ses membres. D'autres tendances d'extrême droite possèdent leur propre mouvement de jeunesse.

les inspirateurs sont Evola (*voir* pp. 22-23), Georges Sorel (1847-1922), publiciste* socialiste, et les non-conformistes des années trente. Très antiaméricain et anticapitaliste, il est fasciné par les nationalismes du tiers-monde (avec Nasser en Égypte et Atatürk en Turquie, ou le péronisme argentin) et par les guérilleros latino-américains comme Che Guevara (1928-1967).

« *Le capitalisme t'exploite! Le communisme t'asservit! Si tu veux vivre libre, il faut te battre.* » Slogan du FNJ.

Le programme du FNJ

Le FNJ veut former les futurs cadres du Front national. Son programme est contenu dans une Charte de la jeunesse française : celle-ci prévoit des remises d'impôts pour les entreprises embauchant des jeunes au chômage ainsi que le remplacement du service militaire par le volontariat et l'instauration de l'apprentissage dès 14 ans.

Des liaisons européennes

Les jeunes de l'extrême droite sont plus sensibles que leurs aînés à une Europe fondée sur la race et le paganisme*. Chaque été, le rassemblement de Diksmuide, en Flandre belge, voit manifester les néonazis* et les groupes radicaux. Chaque 20 novembre, d'autres vont à Madrid commémorer l'anniversaire de la mort du général Franco (1892-1975) et de José Antonio Primo de Rivera (1903-1936), fondateur de la Phalange* en 1933. Les jeunes extrémistes belges sont regroupés dans le *Vlaams Blok Jongeren* en Flandre et le Front national des jeunes en Wallonie (*voir* pp. 40-41). En Allemagne sont actifs environ 6 000 skinheads* radicaux et 3 000 autres ultranationalistes.

Ci-dessous : **Réunion de jeunes néonazis à Cottbus, dans l'ancienne République démocratique allemande, en octobre 1991.**

Dans tous les pays, les jeunes militants des partis d'extrême droite sont attirés par le courant nationaliste-révolutionnaire. L'influence des fascismes est encore prédominante parmi eux.

La législation contre le racisme

La France possède l'une des législations contre le racisme les plus développées au monde. Elle concilie la liberté de pensée et la protection des droits de l'homme. Mais les nouvelles formes de racisme nécessitent son renforcement.

Logo de la Ligue des droits de l'homme, association créée en 1898 pour la défense des droits de l'homme et de la citoyenneté.

La tradition antiraciste française

C'est la France qui, dans la Déclaration universelle des droits de l'homme en 1789, stipule la première que « *les hommes naissent libres et égaux en droits* ». La loi de 1881 sur la presse permet de punir la provocation à la haine raciale et les injures racistes. En 1945, les Nations unies, dont la France est membre fondateur, adoptent une Charte qui interdit toute forme de discrimination raciale. La Constitution française de 1946 comprend un article toujours en vigueur qui garantit l'égalité de tous les citoyens sans distinction d'origine, de race ou de religion (*voir* ci-contre).

Comme il ne suffit pas de punir les écrits racistes, la loi du 1er juillet 1972 sanctionne également les comportements racistes : refus de vendre, de louer un logement ou d'embaucher, par exemple. La loi du 10 janvier 1966 permet aussi au ministre de l'Intérieur de dissoudre un mouvement raciste ou qui inciterait à la violence.

> « *La France assure l'égalité devant la loi de tous les citoyens sans distinction d'origine, de race ou de religion.* » **Constitution de 1946.**

Contre le négationnisme

La négation du génocide nazi au début des années quatre-vingt a rendu indispensable le vote d'une loi punissant la contestation des crimes contre l'humanité : c'est la loi du 13 juillet 1990 dite « loi Gayssot ». Il est interdit désormais de mettre en doute la réalité de l'extermination des Juifs, comme il est interdit par la loi du 31 décembre 1987 de faire l'apologie de tels crimes. Nombre d'historiens souhaitent que cette loi s'applique au génocide commis en 1915 par l'Empire ottoman contre les Arméniens.

Le rôle des associations

Les victimes du racisme* ne connaissent pas toujours leurs droits ou n'osent pas porter plainte. Elles doivent être soutenues. C'est pourquoi la loi du 13 juillet 1990 permet aux associations antiracistes d'aller en justice. Les principales associations françaises sont la Ligue internationale contre le racisme et l'antisémitisme (LICRA), le Mouvement contre le racisme et pour l'amitié entre les peuples (MRAP), la Ligue des droits de l'homme et SOS-Racisme. Toutes mènent aussi une action éducative et défendent les étrangers contre les restrictions de leurs droits découlant du nouveau Code de la nationalité (1994).

Ces associations siègent à la Commission nationale consultative des droits de l'homme (créée en 1946), présidée par Jean Kahn et rattachée au Premier ministre.

Logo du MRAP, association fondée le 22 mai 1949.
Ci-dessous :
Logo de la LICRA. Cette association, née en février 1928, s'appelle alors Ligue contre l'antisémitisme (LICA). Elle est baptisée LICRA en 1979.

Renforcer la loi ?

Les lois actuelles fonctionnent bien mais doivent être renforcées pour rendre plus facile la condamnation des auteurs d'écrits racistes et pour punir les propos racistes ne visant pas un groupe ethnique ou religieux précis. C'est le sens

du projet de loi relatif à la lutte contre le racisme, déposé en octobre 1996 par le ministre de la Justice, Jacques Toubon, après les propos tenus par Le Pen sur l'inégalité des races. Parallèlement, la loi devra prendre en compte l'existence de nouvelles techniques de diffusion du racisme, comme celle d'Internet par exemple (*voir* pp. 46-47).

Ligue Internationale Contre le Racisme et l'Antisémitisme

La législation antiraciste va certainement être renforcée pour contrer la montée de l'extrême droite. Cependant, celle-ci doit être combattue en priorité sur les terrains éducatif et politique.

Glossaire

Action française: mouvement royaliste fondé en 1899 dont Charles Maurras (1868-1952) est le théoricien. Son idéologie est le nationalisme intégral.

Affaire Dreyfus: du nom du capitaine d'artillerie juif Alfred Dreyfus, accusé d'espionnage pour le compte de l'Allemagne. Il est condamné, dégradé et déporté à l'île du Diable pour trahison. Dreyfus n'a de cesse de clamer son innocence, mais il est victime en 1894 d'une forfaiture judiciaire. Il est réhabilité en 1906.

Affaire Stavisky: homme d'affaires coupable d'escroqueries auprès d'établissements financiers, Alexandre Stavisky (1886-1934) s'enfuit lorsque le scandale éclate en 1933. Mais, rattrapé par la police, il se suicide. Les circonstances douteuses dans lesquelles intervient ce suicide font accuser le gouvernement d'avoir fait exécuter Stavisky.

Antisémitisme: préjugé qui considère les Juifs comme inférieurs et étrangers à la nation dont ils font partie. Il faut le différencier de l'antijudaïsme religieux qui rend les Juifs responsables collectivement de la mort de Jésus.

Antisionisme: refus d'accepter l'existence de l'État d'Israël, créé en 1948, et le droit des Juifs à s'y installer.

Apartheid: système de séparation initié en 1913 en Afrique du Sud par le *Native Land Act*, limitant l'accès à la terre des populations noires. L'apartheid est institutionnalisé en 1948, instaurant la ségrégation raciale par des mesures discriminatoires interdisant tout contact entre les communautés.

Boulangisme: mouvement qui rassemble, à partir de 1886 autour de Georges Boulanger, ministre de la Guerre, les opposants au régime parlementaire – le «syndicat des mécontents» – et les antirépublicains. Poussé au coup d'État, le général hésite, puis est inculpé de complot contre l'État et s'enfuit en Belgique où il se suicide en 1891.

Chouannerie: soulèvement des chouans de Vendée en faveur du roi pendant la Révolution française. D'autres soulèvements identiques ont existé dans le Bas Berry, le Sancerrois et en Wallonie.

Collaboration: politique décidée par le maréchal Pétain et le régime de Vichy pour aider l'occupant nazi, notamment dans la répression de la Résistance et dans la déportation des Juifs.

Créditiste: doctrine née dans les pays anglo-saxons et favorable à la distribution gratuite aux citoyens d'une partie de la richesse nationale, afin de relancer la consommation.

Droite plébiscitaire: elle préconise la définition des choix politiques directement par le peuple plutôt que par les assemblées.

Ésotérisme: enseignement philosophique et religieux réservé aux seuls initiés, et qui s'oppose à l'exotérisme, connaissance accessible à tous.

Front national: parti politique français dirigé par Jean-Marie Le Pen et prônant le renvoi des résidants étrangers comme solution aux problèmes économiques.

Guerre d'Algérie: elle oppose l'armée française au Front de libération nationale (FLN) algérien entre 1954 et 1962. L'indépendance de l'Algérie, alors département français, est décidée par les accords d'Évian du 18 mars 1962.

Intégrisme catholique: idéologie qui refuse la séparation de l'État et de l'Église catholique et qui rejette toute évolution liturgique ou doctrinale.

Islamisme: doctrine qui prône la soumission de la loi civile à la loi religieuse de l'islam.

Lefebvristes: catholiques ayant suivi en 1988 le schisme conduit par Mgr Marcel Lefebvre (1905-1991). Ils ne se soumettent pas à l'enseignement du Vatican même s'ils reconnaissent l'autorité du pape.

Légitimisme: branche du royalisme soutenant la prétention au trône des Bourbons d'Espagne, branche aînée de la famille royale française.

Lumières: mouvement philosophique du XVIIIe siècle, caractérisé par la croyance au progrès humain, par la foi dans la raison, la défiance à l'égard de la religion et de la tradition. *L'Encyclopédie* de Diderot et d'Alembert est l'œuvre de la philosophie des Lumières.

National-bolchevisme: selon le politologue allemand Armin Mohler, *«combinaison d'objectifs d'un socialisme extrémiste et d'un nationalisme extrémiste»*.

Nationalisme-révolutionnaire: nationalisme partisan de l'abolition du capitalisme et de son remplacement par une économie étatisée, où les classes sociales seraient remplacées par des syndicats corporatifs.

Négationnisme: négation de la réalité du génocide commis par les nazis contre les Juifs et de l'existence des chambres à gaz en particulier.

Néonazis: adeptes de l'idéologie nationale-socialiste qui a été au pouvoir en Allemagne entre 1933 et 1945 sous la direction d'Adolf Hitler.

Occultisme: méthodes plus ou moins secrètes prétendant faire agir des forces mystérieuses. Elles sont souvent associées à l'ésotérisme ou aux sectes.

Oustachis: nom des terroristes croates dirigés par Ante Pavelic depuis 1929 (alors en exil). Entre 1941 et 1945, c'est ce mouvement qui détient le pouvoir dans la Croatie indépendante créée par Hitler, et qui organise à grande échelle le massacre des Serbes, des Juifs, des Musulmans et des Tsiganes.

Paganisme: croyance religieuse en plusieurs divinités. C'est le contraire du monothéisme qui est la base du judaïsme, du christianisme et de l'islam.

Phalange: mouvement nationaliste et catholique espagnol qui a pris une part déterminante dans le soulèvement de 1936 contre la République puis dans la guerre civile aux côtés du général Franco.

Glossaire (suite)

Populisme: idéologie consistant à transférer la totalité du pouvoir au peuple au détriment de l'Administration et des assemblées.

Poujadisme: l'Union de défense des commerçants et artisans est créée en 1953 par Pierre Poujade. C'est un mouvement de protestation dirigé d'abord contre le fisc. Il se transforme en mouvement politique antiparlementaire, xénophobe et nationaliste, et recueille 11,6% des suffrages en 1956. Il ne survit pas à l'avènement de la Ve République.

Protocoles des Sages de Sion: ce livre, écrit par des antisémites russes appartenant à la police secrète du tsar, est un faux récit de réunions lors desquelles des Juifs comploteraient pour dominer le monde.

Publiciste: personne vivant surtout au XIXe siècle d'une activité littéraire et journalistique souvent à connotation politique.

Racisme: croyance en la supériorité d'un groupe humain, défini comme une race, sur tous les autres.

Rerum novarum: encyclique de 1891 qui définit la doctrine de l'Église catholique en matière sociale.

Rexisme: mouvement fasciste belge incarné par le mouvement Rex et dirigé par le Wallon Léon Degrelle, collaborateur des nazis pendant la Seconde Guerre mondiale.

SA (*Sturmabteilung,* « section d'assaut »): milice armée du Parti nazi dont les chefs sont assassinés sur ordre d'Hitler en juin 1934 ; c'est la « Nuit des longs couteaux ». Elle est ensuite supplantée par la SS.

Satanisme: culte des forces du Mal, représentées par Satan (le diable), pratiqué lors de messes noires, différent du luciférisme.

Shoah: mot hébreu signifiant « catastrophe » et désignant le génocide des Juifs par les nazis.

Sionisme: mouvement de libération nationale du peuple juif fondé par Theodor Herzl (1860-1904) et qui est à l'origine de la création en 1948 de l'État d'Israël.

Skinheads: jeunes racistes néonazis adoptant le crâne rasé, le port des chaussures Doc Martens, du bomber d'aviateur et qui sont souvent tatoués. La violence, l'alcool et la musique « oi » sont leurs activités principales.

Solidariste: idéologie qui prône une troisième voie entre capitalisme et socialisme.

SS (*Schutzstaffel,* « section de protection »): garde personnelle d'Hitler devenue la troupe d'élite du IIIe Reich. Fortement acquise à l'idéologie nazie, elle forme un véritable État dans l'État.

Suprémacistes: qui croient en la supériorité innée de la race blanche généralement établie par la volonté divine.

Syllabus: profession de foi antilibérale et antimoderniste de l'Église catholique.

Théocratie: régime qui soumet la loi civile à une loi religieuse.

Xénophobie: préjugé à l'encontre des étrangers ou des nationaux d'origine étrangère.

Bibliographie

ABRAMOWICZ (Manuel), *Extrême-droite et antisémitisme en Belgique,* Éditions EVO, Bruxelles, 1993.

ABRAMOWICZ (Manuel), *Les Rats noirs,* Éditions Luc Pire, Bruxelles, 1996.

ALTERMATT (Urs), KRIESI (Hans-Peter), *L'Extrême-droite en Suisse,* Éditions universitaires de Fribourg, 1995.

CAMUS (Jean-Yves), *Le Front national, histoire et analyses,* Éditions Olivier Laurens, Paris, 1996.

CAMUS (Jean-Yves), MONZAT (René), *Les droites nationales et radicales en France,* Presses universitaires de Lyon, 1992.

CENTRE DE RECHERCHES D'INFORMATIONS ET DE DOCUMENTATION ANTIRACISTES (CRIDA), *Racisme, extrême droite et antisémitisme en Europe,* rapport annuel, 1996.

CENTRE EUROPÉEN DE RECHERCHES ET D'ACTION SUR LE RACISME ET L'ANTISÉMITISME (CERA), sous la direction de Jean-Yves Camus, *Les Extrémismes de l'Atlantique à l'Oural,* Éditions de l'Aube, 1995.

COMMISSION NATIONALE CONSULTATIVE DES DROITS DE L'HOMME, *La Lutte contre le racisme et la xénophobie,* Éditions La Documentation française, rapport annuel, 1996.

GIJSELS (Hugo), *Le Vlaams Blok,* ELP, Bruxelles, 1993.

MARTIN-CASTELNAU (David), sous la direction de, *Combattre le Front national,* Éditions Vinci, 1995.

MONZAT (René), *Enquêtes sur la droite extrême,* Le Monde Éditions, 1992.

MOREAU (Patrick), *Les Héritiers du IIIe Reich,* Le Seuil, 1994.

PERRINEAU (Pascal), MAYER (Nonna), sous la direction de, *Le Front national à découvert,* Presses de la Fondation nationale des sciences politiques, 2e édition en 1996.

TAGUIEFF (Pierre-André), *La Force du préjugé,* Éditions La Découverte, 1988.

TAGUIEFF (Pierre-André), sous la direction de, *Les Protocoles des Sages de Sion,* Berg International, 1992.

TAGUIEFF (Pierre-André), *Sur la nouvelle droite,* Éditions Michalon, 1994.

TAGUIEFF (Pierre-André), sous la direction de, *Face au racisme,* Éditions La Découverte, 1991.

VAN DEN BRINKE (Rink), *L'Internationale de la haine : l'extrême droite en Europe,* Éditions Luc Pire, Bruxelles, 1996.

VIARD (Jean), *Aux sources du nationalisme populiste,* Éditions de l'Aube, 1996.

WIEVIORKA (Michel), *La France raciste,* Le Seuil, 1992.

Bibliographie (suite)

**Dans la collection
«Les Essentiels Milan»:**

CANDAR (Gilles), *Le Socialisme,*
Toulouse, 1996.
CHABOUD (Jack), *La Franc-
maçonnerie,* Toulouse, 1996.
FRÉZEL (Sylvaine), *La Yougoslavie,
agonie d'un État,* Toulouse, 1996.

PLATONE (François), *Les Partis
politiques en France,* Toulouse, 1995.
REEBER (Michel), *L'Islam,* Toulouse,
1995.
TARNERO (Jacques), *Le Racisme,*
Toulouse, 1995.
VAILLANT (Emmanuel), *L'Immigration,*
Toulouse, 1996.

Adresses utiles

Les organismes suivants ont pour
objectif la recherche et l'information
sur l'extrême droite:

**Centre de recherches d'informations
et de documentation antiracistes
(CRIDA):**
21 ter, rue Voltaire 75011 Paris.
Fax: 01 43 72 15 77.

**Centre européen de recherches
et d'action sur le racisme et
l'antisémitisme (CERA):**
78, avenue des Champs-Élysées,
75008 Paris.
Tél.: 01 43 59 94 63.

Centre pour l'égalité des chances:
155, rue de la Loi B-1040 Bruxelles
(Belgique).
Tél.: (00-32-2) 233 06 11.

Ligue des droits de l'homme:
27, rue Jean-Dolent 75014 Paris.
Tél.: 01 44 08 87 29.

**Ligue internationale contre le racisme
et l'antisémitisme (LICRA):**
40, rue de Paradis 75010 Paris.
Tél: 01 47 70 13 28.

**Mouvement contre le racisme
et la xénophobie (MRAX):**
37, rue de la Poste B-1210 Bruxelles
(Belgique).
Tél.: (00-32-2) 217 54 95.

**Mouvement contre le racisme et pour
l'amitié entre les peuples (MRAP):**
89, rue Oberkampf 75011 Paris.
Tél.: 01 43 14 83 53.

Observatoire de l'extrémisme:
Centre MBE 121
44, rue Monge 75005 Paris.
Tél.: 01 42 21 65 91.

Ras L'Front:
c/o P. Crottet
BP 87 75561 Paris Cedex 12.

SOS-Racisme:
14, cité Griset 75011 Paris.
Tél.: 01 48 06 40 00.

Sur Internet
Pour s'informer sur l'extrême droite
partout dans le monde,
un site Internet:
http://www.anet.fr/aris/crida

Index

Le numéro de renvoi correspond à la double page.

Dans la même collection :

Responsable éditorial : Bernard Garaude, Directeur de collection – édition : Dominique Auzel, Secrétariat d'édition : Véronique Sucère, Correction – révision : Jacques Devert, Pierre Casanova Iconographie : Sandrine Battle, Conception graphique – Couverture : Bruno Douin, Maquette : Ingrid Gerlach / octavo, Fabrication : Isabelle Gaudon, Aurore Cesses.

Crédit photos :
Gamma : pp. 3, 43, 54 / C.D.J.C. : pp.7, 49 / Archive Photos : pp. 8, 26, 29, 34 / Roger-Viollet : pp. 10, 12, 31, 36, 52 / © D. Pouydebat : p. 17 / J.-Y. Camus : pp. 23, 24, 39, 40, 44, 46, 51.

Les erreurs ou omissions involontaires qui auraient pu subsister dans cet ouvrage malgré les soins et les contrôles de l'équipe de rédaction ne sauraient engager la responsabilité de l'éditeur.

Aubin Imprimeur, 86240 Ligugé. — D.L. septembre 1998. — Impr. P 56809